Dajiuhu Wetland Explorer

大九湖湿地探索家
中学研学旅行手册 ◎ 中学校园版

潘淑兰　柳健雄　主编

- ●主　　编　潘淑兰　柳健雄
- ●执行主编　朱翠兰　张志麒　莫家勇　杨敬元
- ●副 主 编　石月霞　何建明
- ●编　　委　段志刚　王晓倩
- ●科学顾问　江明喜　李中强　李明璞　卢厚冰
- ●美术及排版　林东勇　朱文君　徐述进　陈燕　陈功申奥　高兴

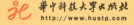

图书在版编目（CIP）数据

大九湖湿地探索家中学研学旅行手册：校园版＆基地版／潘淑兰，柳健雄主编．—武汉：华中科技大学出版社，2022.10（2023.3 重印）

ISBN 978-7-5680-8784-1

Ⅰ．①大… Ⅱ．①潘… ②柳… Ⅲ．①神农架－沼泽化地－环境保护－活动课程－中学－教学参考资料 Ⅳ．① G634.983

中国版本图书馆CIP数据核字（2022）第 189043 号

大九湖湿地探索家中学研学旅行手册（校园版 & 基地版）

潘淑兰　柳健雄　主编

Dajiu Hu Shidi Tansuojia Zhongxue Yanxue Lüxing Shouce (Xiaoyuan Ban & Jidi Ban)

策划编辑：	胡弘扬
责任编辑：	王梦嫣
封面设计：	Amber Design
责任校对：	张会军
责任监印：	周治超
出版发行：	华中科技大学出版社（中国·武汉）
	武汉市东湖新技术开发区华工科技园
电　　话：	（027）81321913
邮　　编：	430223
录　　排：	Amber Design
印　　刷：	湖北恒泰印务有限公司
开　　本：	787mm×1092mm　1/16
印　　张：	10.5
字　　数：	100 千字
版　　次：	2023 年 3 月第 1 版第 2 次印刷
定　　价：	24.80 元（含两册）

本书若有印装质量问题，请向出版社营销中心调换
全国免费服务热线： 400-6679-118　竭诚为您服务
版权所有　侵权必究

前 言

  同学们一定知道地球上有三大生态系统,即森林、海洋、湿地。森林被称为"地球之肺",海洋被称为"地球之心"。你知道湿地被比喻为哪个器官吗?没错,它就是"地球之肾"。湿地是地球珍贵的自然资源,也是重要的生态系统,更是人类赖以生存的重要环境。

  亲爱的探索家们,你了解湿地吗?你探访过湿地吗?你探访过大九湖湿地吗?如果没有,我们诚挚地邀请你作为尊贵的湿地探索家,与我们一起探究神农架湿地——大九湖,揭开神农架秘境的神秘面纱!

你知道下面哪些图片展示的是湿地吗?

● 大九湖

● 森林

● 南海中沙大环礁

● 内蒙古草原

III
前言

●鱼塘

●河流

●梯田

●海滩

前面八幅图片中呈现出来的大九湖、鱼塘、梯田、河流、海滩等都属于湿地，你选对了吗？

你感受到大九湖湿地扑面而来的美了吗？

●大九湖之春

●大九湖之夏

● 大九湖之秋

● 大九湖之冬

让我们一起走进神农架，正式开启大九湖湿地探秘之旅吧！

大九湖湿地探索家中学研学旅行手册·校园版

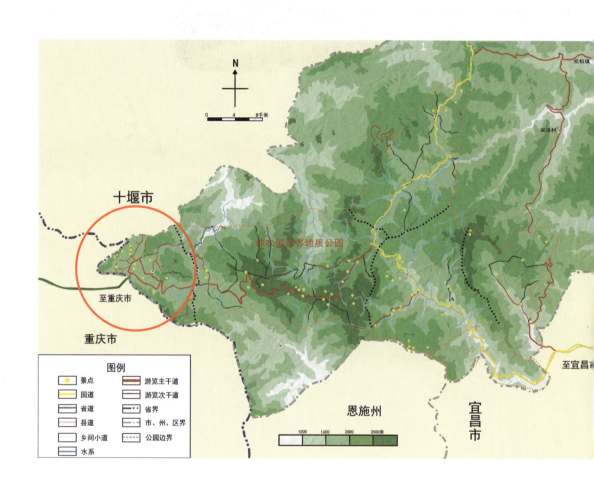

● 神农架局部地图

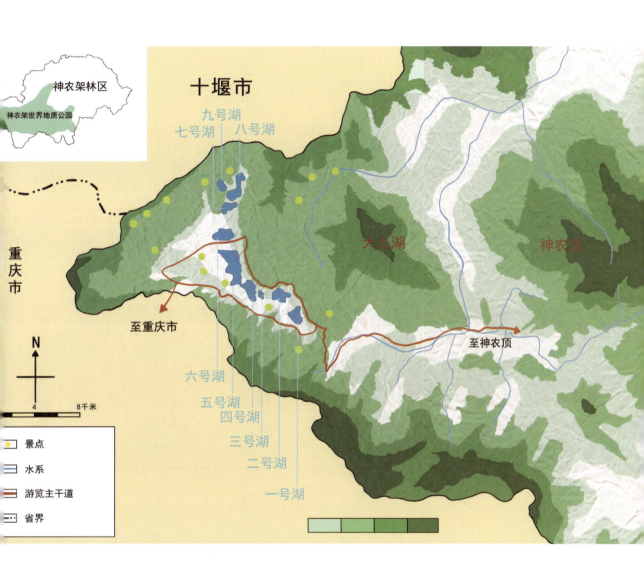

● 神农架及大九湖湿地地理位置

目录

活动准备 001

一、讨论交流　提出问题　002
二、整理问题　确定主题　004
三、组织研究小组　005

实施建议 007

一、收集资料　加工整理　008
二、提出观点　确定方法　014
三、制订实施计划　015
四、成果呈现方式　018
五、注意事项　035

分享总结 037

一、成果展示　交流分享　038
二、总结反思　综合评价　039

延伸读物 043

参考资料 047

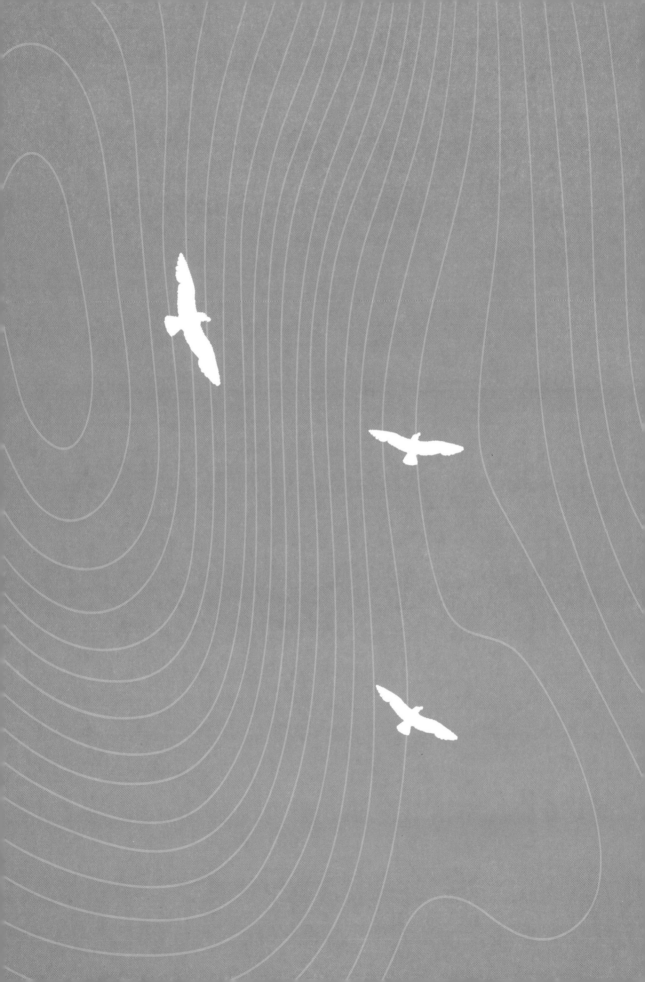

~ 活动准备 ~

一、讨论交流　提出问题

与同学交流你所了解的与神农架大九湖有关的知识，分享你对大九湖湿地最感兴趣的部分，提出你最想探究的问题，说出你最想解决的问题，并记录下来。

◎我感兴趣的：

◎我想探究的问题：

◎我想解决的问题：

同学们提出的问题：

◎ 为何大九湖被称为"云间湿地，天上九湖"？

◎ 大九湖是如何形成的？

◎

◎

二、整理问题　确定主题

将同学们提出的问题加以归类整理，确定活动主题。

问题归类与活动主题表

我们的问题	研究主题
大九湖的水从哪里来？	湿地之水
大九湖是"华中水塔"吗？	
神农架以生物多样性闻名于世，大九湖有哪些独特的动物呢？	
泥炭藓是一种什么样的植物？	
大九湖是如何形成的？	
大九湖泥炭地有什么功能？	
大九湖作为岩溶盆地为何能形成湿地？	

三、组织研究小组

经教师的协助,将相同研究主题的同学分配到一个小组,每一组同学填写以下内容。

1. 研究主题

_____

_____

_____

2. 小组成员

_____

_____

_____

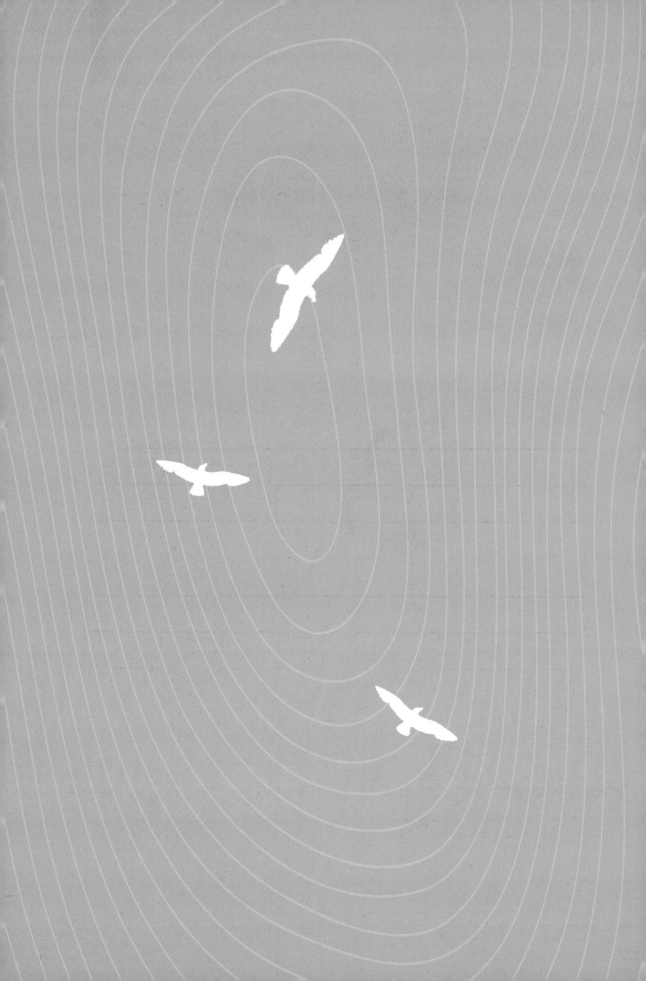

~ 实施建议 ~

一、收集资料 加工整理

大九湖湿地探索家们，本次我们开展的是一场深入大九湖湿地的探究性学习活动。探究性学习很重要的一点就是要围绕自己的研究方向，收集相关资料。比如你可以去图书馆查阅资料，也可上网查阅，还可以开展实地调查、走访相关人员等。

在众多的资料中，我们一定要认真筛选资料、分析资料，并探究其内在关联。

（一）实地考察法

依照不同研究目标，确定观察对象，分不同阶段前往目的地进行直观的、详细的实地调查。记得将每一次的观察对象、观察主题和观察记录填在观察作业表中。

如果你想开展一次深入的湿地探究之旅，欢迎走进神农架大九湖国家湿地公园，开启自己的"视、听、闻、味、触"五感，并将观察结果记录下来。如果你的时间有限，不妨制订一个探究计划，前往离你较近的湿地进行实地考察。

● 实地考察大九湖湿地

观察作业表

姓名	
观察时间	
观察地点	
观察对象	
观察主题	
需要通过观察解决的问题	
观察准备	
观察记录	
我的发现和新的问题	

（二）文献研究法

通过线上线下资料库、图书馆等平台对收集到的大九湖资料进行鉴别、分类、整理，最后形成自己的总结性认识。注意甄别信息的正确性、科学性。从科学权威的网站、书籍中获取专业知识，最后将获取的知识进行整理与归纳。

● 中国知网主页

实施建议

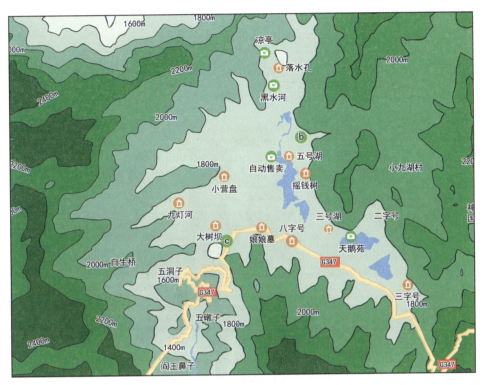

● 线上地图查询

资料收集与整理作业表

我们小组的研究主题	
我研究的具体问题	
我查资料的网址或书名	
资料摘抄	
我的调查结论	
新的问题	

（三）访谈研究法

专家讲解大九湖湿地

对长期从事大九湖湿地环境研究或生态修复的专家以及长期居住在大九湖附近的居民进行访谈，探讨、思辨某一主题。

如果想要保证访谈的效果和深度，一定要提前做好准备，有一定的知识储备会帮助我们更好地提出问题。

访谈提纲

访谈主题	
访谈时间	
访谈地点	
访谈对象	
访谈准备	
访谈问题	
访谈结果	
新的问题	

二、提出观点　确定方法

小组成员对我们的研究主题有哪些疑问？我们该用什么方法进行调查呢？请大家交流一下，然后把我们的猜想和研究方法填在下方画线处。

我们的问题：
（1）_____
（2）_____
（3）_____
（4）_____

我们的猜想：
_____
_____
_____

研究的方法：
_____
_____
_____

三、制订实施计划

我们已经对研究问题有了初步想法,并掌握了探究性学习的多种方法。接下来我们要确定小组成员的分工,明确小组成员的职责,制订翔实的研究计划。

(一)任务分工

组长:负责统筹安排研究过程,协调组员的合作。

资料员:围绕某个具体研究的问题收集资料,并形成图文并茂的解答。

环境地图制作员:按照环境地图的制作要求,将本组的研究成果以环境地图的方式呈现出来。

成果展示讲解员:负责向全班学生展示本组的研究成果。

(二)活动步骤

分五个阶段实施:

第一阶段:收集资料,对主题的相关问题开展调查研究,时间为1周。

第二阶段:形成分析报告,对收集的资料进行分析归纳,形成系统的分析报告,时间为1周。

第三阶段：绘制环境地图，将资料分析报告的内容利用环境地图呈现出来，时间为 1 周。

第四阶段：成果展示，通过环境地图讲解展示本组的研究成果，时间为 1 天。

第五阶段：总结评价，对研究成果和组员表现进行综合评价，时间为 1 天。

同学们了解任务说明、活动步骤及后面介绍的成果展示后，逐步填写研究计划表和成员分工表。

研究计划表

研究主题		
研究方法		
准备开展的活动		
研究成果呈现方式		

实施建议

成员分工表

分工	姓名	具体任务	完成时间
组长			
资料员			
环境地图制作员			
成果展示讲解员			

四、成果呈现方式

（一）地图

什么是地图？

地图是运用各种符号，将地理事物按一定比例缩小后展示在平面上的图像。比例尺、方向和图例是地图的"语言"。

地图的种类很多，不同的地图能够反映不同的信息。地图依内容可分为普通地图和专题地图，依瞬时状态可分为静态地图和动态地图，依维度可分为平面地图、立体地图等。

随着计算机等现代技术的应用，我们现在常用的地图都是电子地图。

1. 综合要素绘制法

首先绘制轮廓，其次用铅笔浅勾基本地形，接着画出各个地理要素，然后填色，最后标注地图的"语言"，即比例尺、方向和图例，如下所示。

019
实施建议

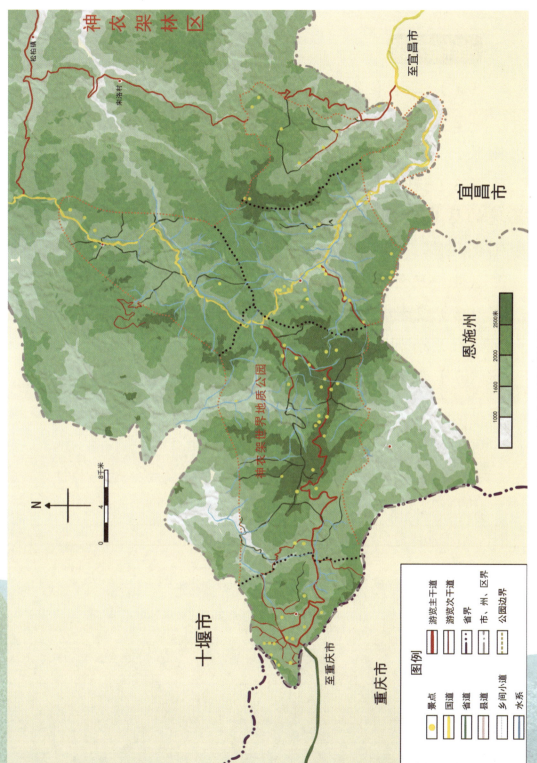

神农架局部地图

操作步骤

（1）工具准备：白纸、签字笔、彩笔、直尺等。

（2）前期培训：学会设计地图的"语言"，即比例尺、方向和图例。注意绘图的规范性。

（3）选题及调查准备：确定展示的地图主题及呈现的区域范围，采用一定的方法进行调查，思考整个制图过程。

（4）户外观察和资料收集。

（5）资料选取、整理和地图制作。

（6）添加说明及优化作品。

（7）教师点评。

2. 单要素图层叠加法

首先绘制基本图,即轮廓地形等大比例尺度底图;其次按实际位置绘制所需的要素;最后进行多要素叠加,组合成整张地图,如下所示。

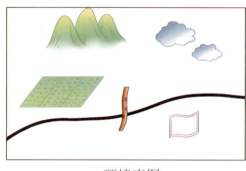

● 环境底图

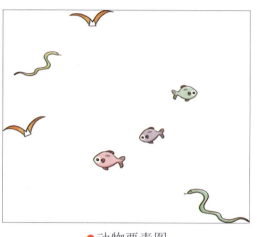

● 动物要素图

● 植物要素图

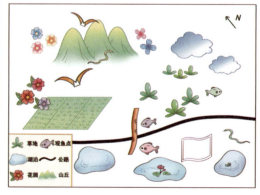

● 图层叠加后的综合图

操作步骤

第一步，材料准备。

白纸、签字笔、彩笔、直尺等。

第二步，绘制底图。

（1）确定作为环境背景的事物。

（2）底图一般选取体积较大的物体，因为其比例容易确定、所占面积较大。

第三步，绘制要素图。

（1）确定环境中存在的要素，需要绘制环境中的重要物体，并将物体进行分类。

（2）与底图比例保持一致，绘制各类要素，如河流、景点、草地等。

（3）将所有需要的要素进行不同的绘制。

（4）注意各要素的比例和正确位置。

（5）完成涂色。

（6）进行图层叠加。

（7）标注地图的"语言"。

强调

每一幅要素图与底图的比例尺要一致，避免组合而成的地图变形或失真。

地图的"语言"

地图绘制时一定要标注地图三要素,即比例尺、方向和图例。只有标注地图的"语言",其他人才可以读懂你设计的地图哦!

3. 地图三要素

1)比例尺

地图上的比例尺,是呈现图上距离比实地距离缩小的程度,所以比例尺也叫缩尺。

比例尺常见的三种形式:线段式、文字式、数字式。

比例尺是图上距离与实际距离的比值。

$$比例尺 = \frac{图上距离}{实地距离}$$

比例尺常见的三种形式

形式	示例
线段式	800　0　800　1600 千米
文字式	八千万分之一,图上 1 厘米代表实地距离 800 千米
数字式	1/80000000 或 1:80000000

注意:个人设计地图时虽然对精准度的要求比专业地图低,但比例尺选取一定要适当,否则你的图幅可能装不下完整的内容。

2）方向

地图上方向的表示有三种方法：一般法（上北下南，左西右东）、指向标法、经纬网法。

● 一般法

注意：如果地图上没有任何关于方向的标识，往往意味着采用的是一般法。

● 指向标法

● 经纬网法

3）图例

如果你设计的地图上有其他要素，则可以在网上查询更多专业的图例，还可以根据需要自行设计，但一定要在图幅的某个位置制作图例进行说明。

● 常见图例

4. 平面地图

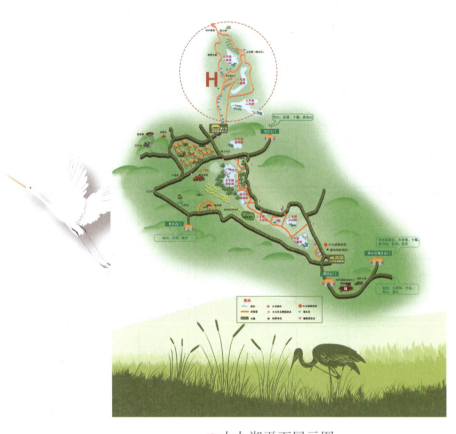

● 大九湖平面展示图

（1）上面的"大九湖平面展示图"中有哪些地图的"语言"呢？
（2）你能把缺失的"语言"补充出来吗？

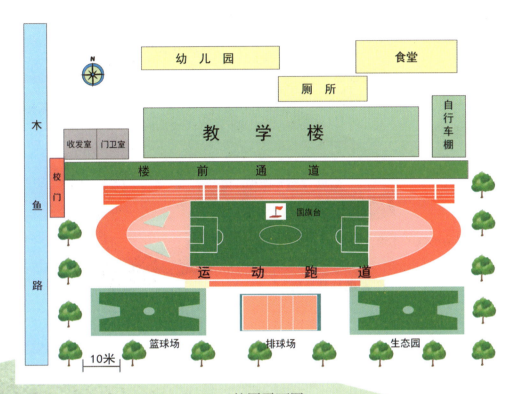

●校园平面图

5. 立体地图

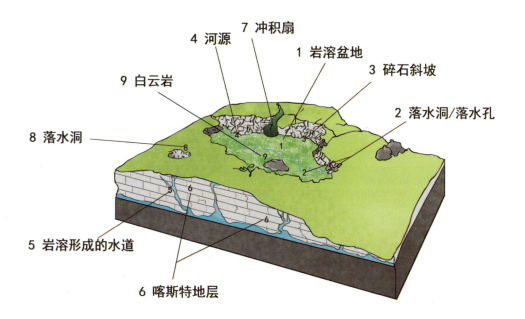

● 岩溶盆地模型图

说明：

（1）如果你对绘制地图已经十分熟练，可以试试绘制上图的立体图。

（2）设计时要确定长、宽、高的比例。

（3）立体图是同时展示地表和地下环境非常好的选择。

（4）进行地质、地形、水循环等构图时，经常使用立体图。

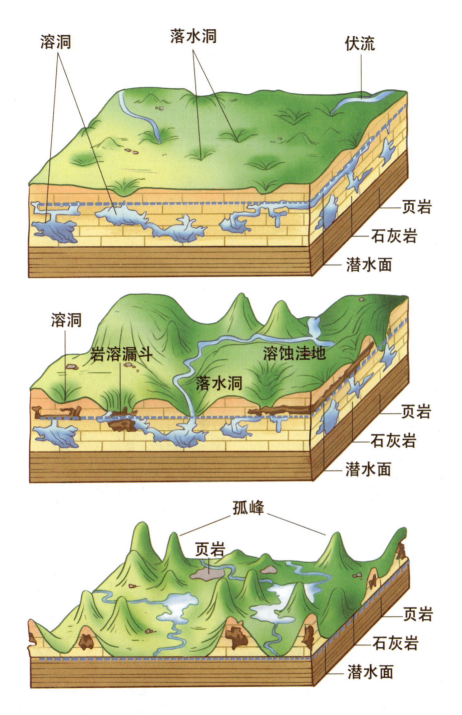

● 岩溶盆地的形成演变示意图

（二）科学报告

什么是科学报告？

科学报告是指通过观察、走访、查阅资料等方式对所调查的事物做出详细的分析，寻找事物规律或者探寻事物特点，以报告的形式展现调查结果。

● 泥炭藓

● 食虫植物——圆叶茅膏菜

● 鸽子树——珙桐

● 睡菜

实施建议

大九湖特色植物调查报告

参与人员：

研究方法：

研究地点：

研究对象：

研究内容：

（照片）

小结：

注意事项

（1）实地考察中不做危害湿地动植物的事情。

（2）不要推搡挤闹，要保证人身安全，避免掉入湖中。

（三）摄影

如何拍出高质量照片？

利用手机、照相机等工具拍摄照片，首先要确定摄影对象，然后用正确的姿势稳定拍摄工具，选好角度、背景、光线，进行构图。要想拍摄出一张成功的风景照，除了要构图合理、准确曝光，更需要懂得如何运用色彩，使画面具有视觉冲击力，通过色彩抒发情感，进而表达有深度的内涵。

如果你想拍出更多更好的照片，不妨多实践吧！

雾荡九湖

小贴士

飞鸟等动物类的拍摄是最难的,你知道拍摄技巧吗?

(1) 使用长焦镜头。
(2) 可以捕捉到飞鸟的快门速度。
(3) 开启连拍模式。
(4) 选择隐匿的拍摄地点。
(5) 选择合适的时间。
(6) 捕捉有意思的镜头。
(7) 学会耐心等待。

● 黑鹳

植物拍摄相对简单，你知道拍摄技巧吗？

植物拍摄最关键的就是选择角度。

（1）平拍。注意选择纯色背景，或者把光圈调大，拍出虚化就可以了。

（2）俯拍。不要歪，要对着所拍植物，垂直拍，也就是拍摄设备和植物在同一条垂直线上。

（3）拍倒影。这和仰拍是一个思路。拍我们日常忽略的角度，比如拍雨后地上的影子，别有一番风味。

（4）利用光。在傍晚的时候，利用夕阳的光，可以拍出植物通透的感觉。

（5）拍摄植物好看的局部。例如，植物总体不好看，但某一部分特别出彩，那么就可以选择局部来拍摄，将不好看的部分排除。

● 红豆杉

五、注意事项

● 大九湖湿地实地考察

（1）研学过程中遇到困难，可向教师、家长及大九湖有关工作人员等寻求帮助。

（2）实地考察时要注意人身安全。

（3）网上搜索资料控制用时，每次时间不超过1小时。

一、成果展示 交流分享

与全班同学分享小组研究成果，将各小组分享的主要内容记录在下方画线处。

_____
_____
_____
_____
_____
_____
_____
_____
_____
_____

二、总结反思 综合评价

（一）总结反思

（1）将自己在本次湿地探索家的研学活动中的感悟写下来，并与同学分享。

我的感悟

（2）分享结束后，总结活动成果的亮点和需要改进的地方，记录在下方画线处。

_____
_____
_____
_____
_____
_____
_____
_____
_____

（二）综合评价

在本次湿地探索家的研学活动结束后，请大家根据下表进行评价。（A表示优秀，B表示良好，C表示合格）

活动评价表

评价指标	自我评价	他人评价	教师评价
积极参与湿地探究的各项准备工作	A B C	A B C	A B C

续表

评价指标	自我评价	他人评价	教师评价
掌握了大量湿地的相关知识	A B C	A B C	A B C
积极参与成果制作，动手能力强	A B C	A B C	A B C
提出了切实可行的建议	A B C	A B C	A B C
遇到困难，积极解决	A B C	A B C	A B C
有时间管理意识，能把控小组在各活动环节的时间	A B C	A B C	A B C
研究过程中态度认真，积极协作	A B C	A B C	A B C
展示成果环节，表述流畅，积极分享	A B C	A B C	A B C
展示成果创新，感染力强	A B C	A B C	A B C
综合评价：等级	(A/B/C)		

备注：综合评价由教师根据学生自我评价、他人评价及教师评价三大板块综合计算出结果，其标准是按照 A、B、C 所得数量多少，形成个人最终评价结果。

~ 延伸读物 ~

[1] 黄安平，魏美才，罗庆怀．湿地昆虫 [M]．北京：中国农业科学技术出版社，2018．

[2] 宋晓杰，谷洪旺．我的湿地鸟类朋友 [M]．广州：新世纪出版社，2018．

[3] 幸福猫儿童文学工作室．趣味动物大侦探 湿地冒险家 [M]．济南：山东美术出版社，2011．

[4] 陈建伟．多样性的中国湿地 [M]．北京：中国林业出版社，2014．

[5] 王晓龙，徐金英．鄱阳湖湿地植物图谱 [M]．北京：科学出版社，2016．

[6] 基姆·库尔基．神奇的鸟类世界：湿地水域卷 [M]．石家庄：河北少年儿童出版社，2016．

[7] 欧剑峰．湿地公园昆虫观赏手册 [M]．广州：广东科技出版社，2016．

[8] 宋晓杰．乘着风的翅膀——"湿地精灵"黑嘴鸥的世界 [M]．北京：中国环境科学出版社，2010．

[9] 董元火，胡文中，廖廓．赤龙湖国家湿地公园植物彩色图谱 [M]．武汉：华中科技大学出版社，2015．

[10] 崔丽娟．认识湿地 [M]．北京：高等教育出版社，2012．

[11] 伊丽莎白·劳拉．水和湿地的秘密 [M]．北京：中国青年出版社，2015．

[12] 马德琳·邓菲. 这里是湿地 [M]. 上海：少年儿童出版社，2016.

[13] 华春. 青少年应该知道的湿地 [M]. 北京：团结出版社，2009.

[14] 卢耀如. 中国喀斯特——奇峰异洞的世界 [M]. 北京：高等教育出版社，2010.

[15] 曾平. 喀斯特的呼唤 [M]. 北京：中国工人出版社，1992.

[16] 朱千华. 南方秘境——中国喀斯特地理全书 [M]. 北京：中国林业出版社，2014.

[17] 韩学龙. 天坑 [M]. 北京：清华大学出版社，2013.

[18] 李晋，常弼宇. 世界天坑之都 [M]. 南宁：广西民族出版社，2020.

[19] 张宪春，陈莹婷，杨志荣. 台纸上的植物世界 [M]. 北京：科学普及出版社，2018.

[20] 高谦. 中国苔藓志 第一卷 [M]. 北京：科学出版社，1994.

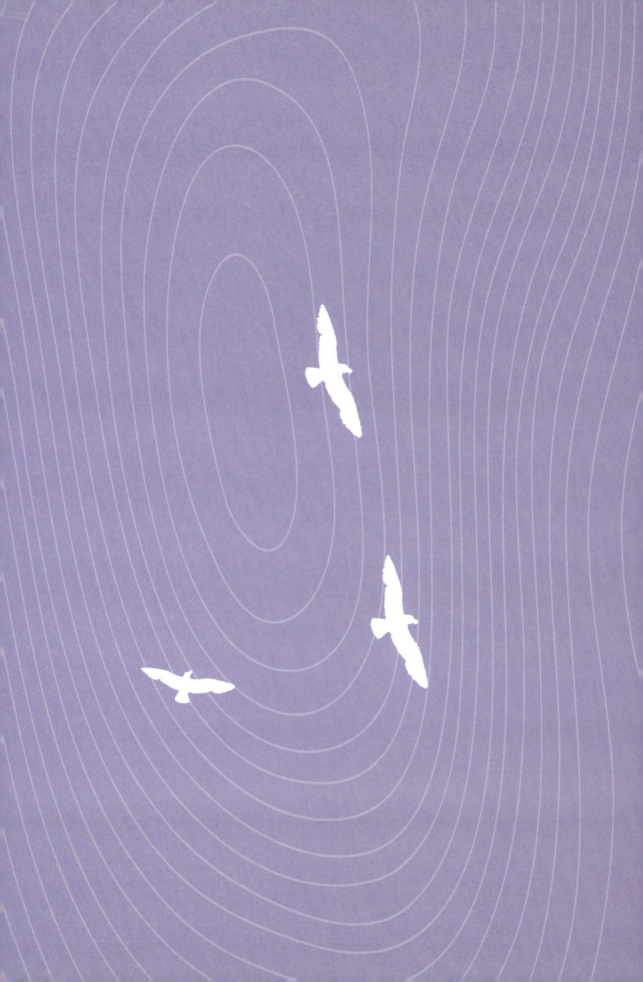

~ 参考资料 ~

（1）陈建伟《多样性的中国湿地》，中国林业出版社，2014年版。

（2）神农架国家公园管理局《奇观喀斯特 壮丽神农架》，中国神农架世界地质公园。

（3）神农架国家公园管理局《世界这么大 玩转神农架》，中国神农架世界地质公园。

（4）神农架国家公园管理局《认知大自然 走进神农架》，中国神农架世界地质公园。

（5）神农架国家公园管理局《穿越亿万年 探索神农架》，中国神农架世界地质公园。

（6）王莹莹《绿色总动员：湿地环境教育读本》，浙江工商大学出版社，2019年版。

（7）神农架国家公园管理局《关于大九湖湿地保护修复情况的汇报》，2018年8月6日。

（8）《国家重点保护野生植物（新版）》,http://www.iplant.cn/rep/protlist。

（9）刘子刚、马学慧《中国湿地概览》,中国林业出版社,2008年版。

（10）鹿蒿工社《物种100·生态智慧 神农架国家公园卷》,世界知识出版社,2019年版。

（11）湖北省湖泊志编纂委员会《湖北省湖泊志》,湖北科学技术出版社,2014年版。

大九湖湿地探索家研学作品展示区

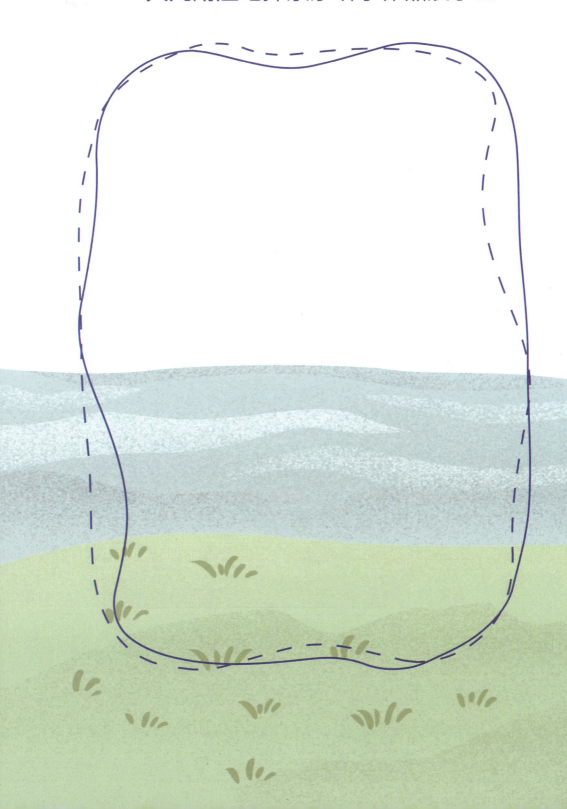

📷 **大九湖湿地探索家集体照**

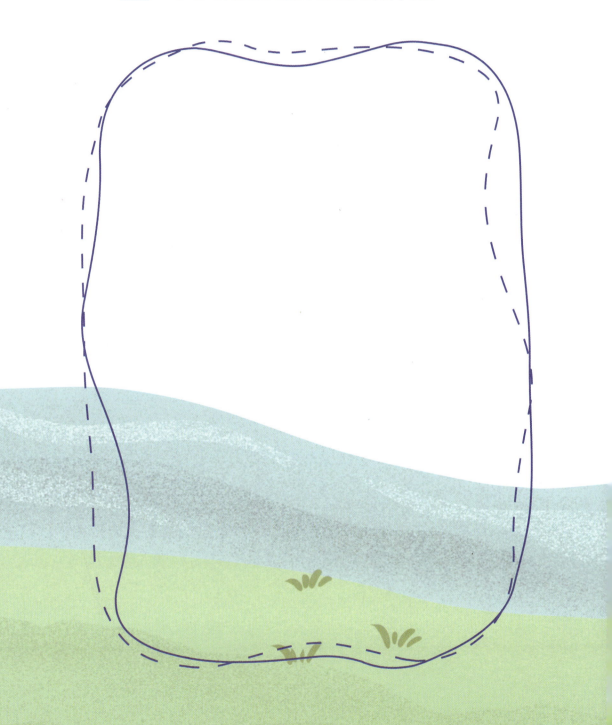

大九湖湿地探索家探究之旅

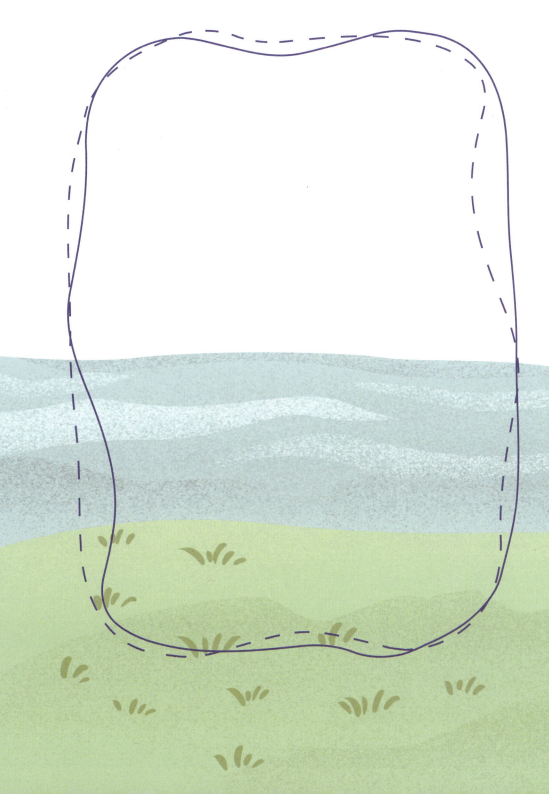

研学旅行综合评估星章

_____ 同学：

你在本次研学旅行中的综合评定为 _____。

研学导师签章：

年　月　日

《大九湖湿地探索家》研学手册

学生姓名：_____

年级班级：_____

所在学校：_____

研学时间：_____

研学地点：_____

●大九湖湿地
保护宣传片

●云间湿地
天上九湖

神农架国家公园研学旅行丛书

中学基地版

大九湖湿地探索家

中学研学旅行手册

潘淑兰　柳健雄　主编

http://www.hustp.com

Dajiuhu Wetland Explorer
大九湖湿地探索家
中学研学旅行手册 ◎ 中学基地版

潘淑兰　柳健雄　主编

- 主　　　编　潘淑兰　柳健雄
- 执 行 主 编　朱翠兰　张志麒　莫家勇　杨敬元
- 副 主 编　石月霞　何建明
- 编　　委　段志刚　王晓倩
- 科 学 顾 问　江明喜　李中强　李明璞　卢厚冰
- 美术及排版　林东勇　朱文君　徐述进　陈燕　陈功申奥　高兴

华中科技大学出版社
http://www.hustp.com

图书在版编目（CIP）数据

大九湖湿地探索家中学研学旅行手册：校园版 & 基地版 / 潘淑兰，柳健雄主编 . —武汉：华中科技大学出版社，2022.10（2023.3 重印）
ISBN 978-7-5680-8784-1

Ⅰ．①大⋯　Ⅱ．①潘⋯　②柳⋯　Ⅲ．①神农架－沼泽化地－环境保护－活动课程－中学－教学参考资料　Ⅳ．① G634.983

中国版本图书馆 CIP 数据核字（2022）第 189043 号

大九湖湿地探索家中学研学旅行手册（校园版 & 基地版）　　　　　潘淑兰　柳健雄　主编
Dajiu Hu Shidi Tansuojia Zhongxue Yanxue Lüxing Shouce（Xiaoyuan Ban & Jidi Ban）

策划编辑：	胡弘扬
责任编辑：	王梦嫣
封面设计：	Amber Design
责任校对：	张会军
责任监印：	周治超
出版发行：	华中科技大学出版社（中国·武汉）　　电话：（027）81321913
	武汉市东湖新技术开发区华工科技园　　邮编：430223
录　　排：	Amber Design
印　　刷：	湖北恒泰印务有限公司
开　　本：	787mm×1092mm　1/16
印　　张：	10.5
字　　数：	100 千字
版　　次：	2023 年 3 月第 1 版第 2 次印刷
定　　价：	24.80 元（含两册）

本书若有印装质量问题，请向出版社营销中心调换
全国免费服务热线：400-6679-118　竭诚为您服务
版权所有　侵权必究

前言

　　同学们一定知道地球上有三大生态系统，即森林、海洋、湿地。森林被称为"地球之肺"，海洋被称为"地球之心"。你知道湿地被比喻为哪个器官吗？没错，它就是"地球之肾"。湿地是地球珍贵的自然资源，也是重要的生态系统，更是人类赖以生存的重要环境。

　　亲爱的探索家们，你了解湿地吗？你探访过湿地吗？你探访过大九湖湿地吗？如果没有，我们诚挚地邀请你作为尊贵的湿地探索家，与我们一起探究神农架湿地——大九湖，揭开神农架秘境的神秘面纱！

你知道下面哪些图片展示的是湿地吗?

- 大九湖
- 森林
- 南海中沙大环礁
- 鱼塘
- 内蒙古草原

● 河流

● 海滩

● 梯田

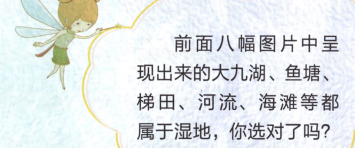

前面八幅图片中呈现出来的大九湖、鱼塘、梯田、河流、海滩等都属于湿地,你选对了吗?

你感受到大九湖扑面而来的美了吗?让我们一起走进神农架,正式开启大九湖湿地探秘之旅吧!

目录

知识篇 001

　　一、认识湿地 002
　　二、初识大九湖 006
　　三、大九湖丰沛的水 008
　　四、大九湖有趣的植物 016
　　五、大九湖灵动的动物 027
　　六、大九湖独特的地理环境 034
　　七、大九湖湿地的保护 040

研学篇 045

　　一、研学流程与旅行路线 046
　　二、研学注意事项 047
　　三、研学准备 048
　　四、基地实践 064
　　五、成果分享与评价 068

延伸读物 075

参考资料 079

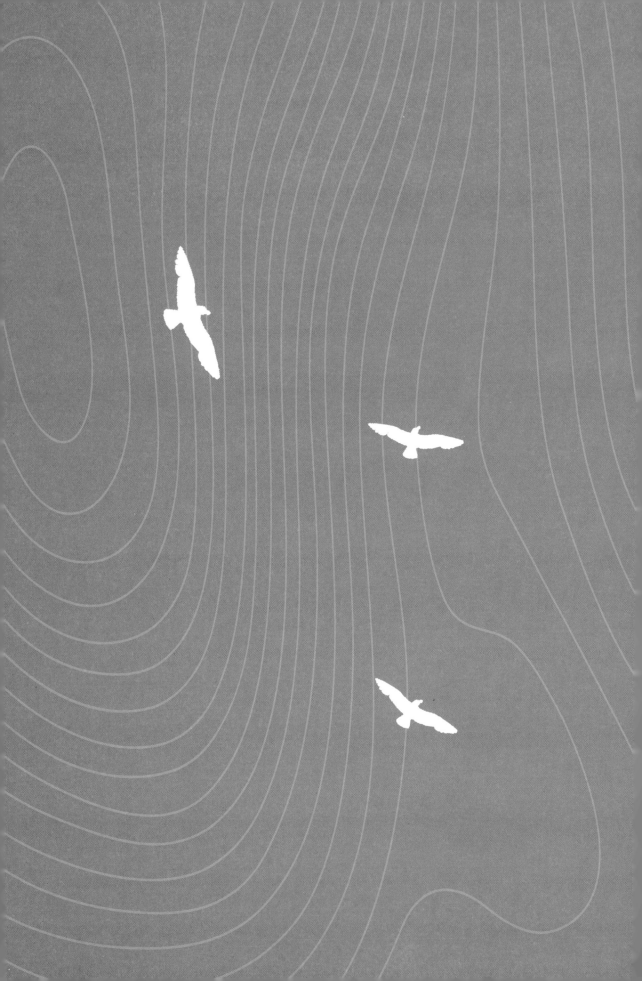

~ 知识篇 ~

一、认识湿地

想深入探究大九湖,我们先从认识湿地这个大家族开始吧!

(一)湿地的概念

对许多人来说,湿地是一个比较生疏的概念,似乎跟水有关的区域都可以称作湿地。

依照《关于特别是作为水禽栖息地的国际重要湿地公约》的定义,湿地是指天然或人工、长久或暂时的沼泽地、泥炭地或水域地带,带有静止或流动的淡水、半咸水或咸水水体,包括低潮时水深不超过6米的水域。

这也就是说,你家旁边的小河、鱼塘、稻田、湖泊、海滩,以及我国著名的长江、黄河等水域都是湿地。

● 沼泽湿地

知识篇

● 小河

● 长江

● 公园水塘

● 武汉东湖

（二）湿地的种类

为什么说湿地是个大家族呢？因为它们遍布全球，覆盖地球表面约6%的面积。湿地共有五大类别，包括近海与海岸湿地、河流湿地、湖泊湿地、沼泽湿地、人工湿地。

你能辨别我们即将前往的大九湖属于哪一类湿地吗？

● 大九湖沼泽湿地

（三）湿地的构成要素

每个湿地"家庭"都由六位"成员"所组成，它们分别是水、土壤、气候、植物、动物和微生物，它们被称为湿地系统构成的六要素。这些"成员"在湿地生态系统中各自发挥着不可替代的作用，相互影响、缺一不可，是不是像极了你和你的家人？

● 湿地要素图

二、初识大九湖

（一）大九湖的名字

你见过高山上总缠着"白色腰带"的湖水吗？你见过四季变化的湖泊吗？在神农架国家公园的腹地，大自然尽显自己的慷慨，一口气挥洒了九个形态各异的神奇湖泊。

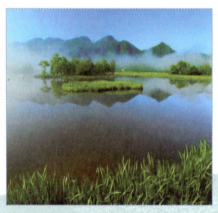
● 大九湖之春

相传炎帝神农氏搭架采药，遍尝百草，为人们治病时曾在此支起九口大锅，熬制中药，后来大锅幻化成九个湖泊，故名大九湖。

如果说美丽与神秘是吸引你来大九湖的主要原因，那么它神奇的"身世"也会让你对它多增几分喜爱。

● 大九湖之夏

（二）大九湖的身世

九面灵动的"镜子"，吐纳着天地之灵气，辉映着日月之精华，把传说中的仙境带到了人间。纵然鬼斧神工，但大自然造就这九个湖泊依然花费了数十万年时间。

● 大九湖之秋

● 峡谷

大九湖的形成还得从神农架说起。25亿年前，汪洋大海之下藏匿着一块古地块。在地球内力作用下，多次地壳运动将它抬出海面，原始地层不断抬升、褶皱变形，最终形成现有地质构造和地貌框架。

"你方唱罢我登场"，外力作用开始对地球进行塑造与设计。成形后的神农架受到冰川、流水、风力等外力共同雕琢，形成了落差较大的V形河谷，以及不同高程的水平溶洞、地下暗河、落水洞（孔）等一系列地质遗迹，令人神往的大九湖就在这里诞生了。

● 大九湖岩溶盆地

三、大九湖丰沛的水

● 大九湖之冬

"云间湿地，天上九湖"是人们送给大九湖的美誉。"翠微遥抱，水丰草茂，鹭翔碧水，鲤跃蓝天。湖山一色，云水浑然，清溪遥送，润泽京津"则是对它最好的写照。

（一）奇怪的水

大九湖的湿地探索家们，当你翻过神农架数道山梁，九个像串珠一样的高山湖泊，映入眼帘，美不胜收的湖光山色，一定会扫除你的困倦，让你心旷神怡。

● 俯瞰大九湖

大九湖湿地海拔1700多米，周围环抱2200—2800米的亚高山。这里有着风景绝伦的亚高山湖泊群。你肯定跟我一样认为掩藏于山巅之上的湖泊，定然清澈见底。可是，当你仔细观察时，却会发现湖水呈现出棕黄色，比较浑浊。

● 大九湖的湖面

这里的水质很差吗？不对，它只是不够清澈。为什么会这样呢？

水不够清澈的原因有三个：一是大九湖湿地的湖泊群与泥炭地相接，湖水的浸泡和雨水的冲刷会将泥炭地中的有机质带入湖水中，这些黑褐色的有机质使湖水变色；二是大九湖湿地的湖泊平均水深不足1.5米，很多时候可以直接看到底泥的颜色；三是居住在水里的鱼儿，会在湖底搅动觅食，进一步降低了湖水的清澈程度。

大九湖水体颜色虽然不好看,但水质良好,经过简单过滤就可以达到地表水Ⅲ类的水质标准。大九湖是我国南水北调工程的优质水源地。其周围没有工业污染,尤其是近几年随着湖区周围居民的外迁,污染源大为减少,水质越来越好。

(二)丰富的水

大九湖一年四季云雾缥缈,尤其是夏秋季节的晨雾和暮霭,让人仿佛置身仙境。如果你在大九湖住上一两宿,起个早便可亲眼看见这美景!运气好的时候,如果碰上阴雨天气,整个湖区被烟雨笼罩,身处其中的你就会有一种"仙人下凡"的感觉。

● 雾荡大九湖

● 仙境大九湖

大九湖是如何形成常年多云雾、多雨水的天气呢?

　　这主要归功于神农架独特的地理位置。神农架地处我国亚热带季风气候区,夏季来自东南方向的太平洋季风携带着温暖的水汽,横冲直撞,沿着宽广的长江水面,一头撞上大巴山脉,释放水汽形成降水,这也就是人们常说的地形雨。据记载,神农架年降水量为800—2500毫米,降水量随海拔的增高而增加。这让已经是"华中屋脊"的神农架,同时成为"华中水塔",拥有着重大生态价值。

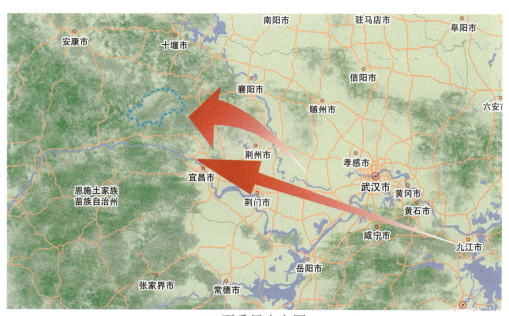

● 夏季风走向图

地处神农架西北部的大九湖"遗传"了神农架多雨的特点，甚至因为独特的盆地地形，形成了自己特有的局地小气候。

大九湖年降水量约1600毫米，雨量充沛且分布均匀。地势高，夏季凉爽。加上冬季寒冷，全年气温较低，进而形成了降水量大、蒸发量小、湿度大的气候环境。盆地内水汽蒸发不易扩散，夏秋季节早晚温差大，因此云雾天气较多，相对湿度多在80%以上，空气负离子含量高。这就是它终日云雾缥缈的关键因素。

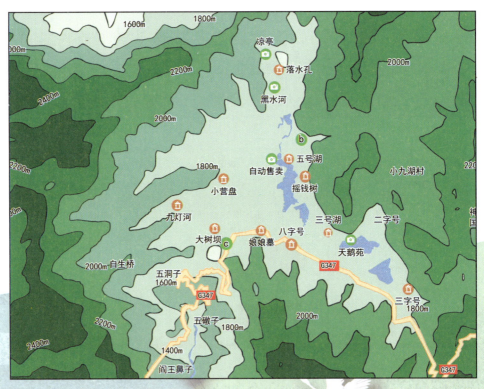

● 大九湖地图

除此之外，茂密的植被通过植物蒸腾作用、降水等环节，把这里的水分牢牢锁住，增加了大九湖的湿度。

知识篇

　　神农架是支撑"华中福地"生生不息的"水塔"，年涵水量达 30 多亿立方米，哺育了香溪河、沿渡河、南河、堵河四大水系共 317 条河流，是名副其实的"水分江汉之地"。稠密的水网就是神农架水源丰富的最好印证。

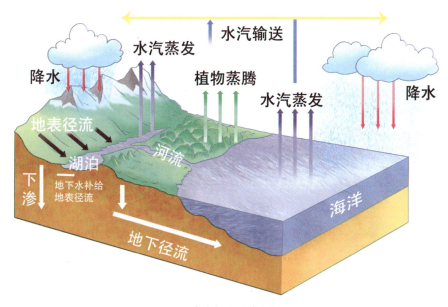

● 水循环示意图

　　探索家们，你能根据上面的水循环示意图描绘出大九湖降水丰富的原因吗？在图片上试着画一画降水的来源吧！

（三）珍贵的水

大九湖水资源丰富，但较为独特的是它并没有外来河流补给，每一滴水都来自云朵，正所谓"水从天上来"。不仅如此，大九湖也没有河流直接排水，出水则是由湿地西北角喀斯特地貌典型的落水孔排出，即"水由地下走"。

通过落水孔流入地下暗河的大九湖的水最终流去了哪里呢？

这些水从落水孔流入地下暗河后，在邻近的竹山县洪坪村喷涌而出，经由堵河注入丹江口水库，最后投身到长江重要的支流汉江里。

● 大九湖湿地馆落水孔示意图

神农架是我国南水北调中线工程丹江口库区及汉江中上游的重要水源涵养地和水质影响区。为实施南水北调这项规模宏大、影响深远的世纪工程，确保南水北调中线工程水质安全，实现"一江清水送北京"，神农架在水环境保护和防止水土流失等方面担负了重要的使命。同样，大九湖作为丹江口库区的重要水源涵养地，也作出了巨大贡献。

● 南水北调中线工程

> 大九湖作为汉江一级支流堵河的发源地，每年向外输出水资源上亿立方米。大九湖湿地的部分生态功能就是净化水质、调节径流、涵养水源。南水北调中线工程改善了北方缺水的生产生活条件，使北京、天津、石家庄、郑州等重要城市从中受益。

四、大九湖有趣的植物

探索家们，我们来寻找"居住"在湿地中有趣的"房客"吧！

被称为"华中屋脊"的神农顶海拔3106.2米，高差显著的山体同时具有寒带、温带、亚热带三种气候。紧凑而丰富的地理样貌和气候类型，使神农架成为动植物的王国。宽广平坦的大九湖高山盆地，四季变化，冷暖干湿截然不同，动植物在这里找到了自己的专属地盘。

（一）"喝水冠军"——泥炭藓

需要浓墨重彩地介绍的，当属"喝水冠军"——泥炭藓啦！大九湖水草丰茂，要寻找泥炭藓并不太难。如果你到了大九湖，一定要用手摸一摸泥炭藓，感受它的独特。或者拿个弹簧秤，称一下干燥和吸满水的两种状态下泥炭藓重量的差别。

> 瞧它那喝饱水的模样，像不像刚洗完澡还没来得及擦干的样子。用手捏一捏，它就会像海绵一样，能捏出许多水，你是不是跃跃欲试啦！

● 丰水期的泥炭藓（一）

泥炭藓具有超强的吸水和储水能力。其独特的形态结构使得泥炭藓能够储存自身干重10—25倍的水分。当泥炭藓在地表不断生长，形成地毯般的碧绿藓层时，它就如同吸满水的海绵，发挥着强大的保水功能。在涵养水源方面，泥炭藓是当之无愧的佼佼者。泥炭藓湿地常常是一些河流的发源地，大九湖湿地的水不会干涸也与它有密切的关系。

● 丰水期的泥炭藓（二）

● 丰水期的泥炭藓（三）

● 干旱期的泥炭藓

　　在降雨期间，泥炭藓能够截留降水；在降雨间歇期，泥炭藓则缓慢地向土壤释放水分，维持土壤湿润的环境。在干旱时，==泥炭藓叶片会变白==，以增加光和热量的反射，减少辐射能的吸收，进而减少水分的蒸发。这是不是很神奇？泥炭藓简直就是大九湖的"水源调控大师"。

　　总的说来，泥炭藓具有水文调节、水源涵养及水土保持的功能。

　　除了大九湖泥炭藓湿地，我国其他泥炭藓湿地主要分布于高纬度、气候寒冷的松嫩平原和三江平原。地处亚热带的大九湖正是因为泥炭藓而更增添了几分魅力！

（二）爱"吃肉"的植物——圆叶茅膏菜

● 圆叶茅膏菜（一）

> 你没看错，左边这个长相粉嫩、外形可爱的植物跟肉食动物一样喜欢"吃肉"。看到它周围一圈亮晶晶的触手了吗？它们就是圆叶茅膏菜捕获食物的利器。

大九湖地区因泥炭藓卓越的储水能力，土壤逐渐沼泽化，同时土壤环境不断酸化，最终形成贫营养环境。土壤中缺乏足够的营养物质——氮素，无法满足圆叶茅膏菜的生长，因此，它只能被迫改变口味，"学会"了一项有效的昆虫捕捉技能。

圆叶茅膏菜是如何"吃肉"（捕捉昆虫）的呢？这要归功于它那些漂亮的触手，这些触手的专业名称叫作腺毛。

● 圆叶茅膏菜（二）

圆叶茅膏菜的腺毛长短不一，每根腺毛顶端都有一个小圆珠形的黏液体，能分泌黏液。腺毛极敏感，有物质触及，便会向内和向下运动。每当有昆虫落在叶面触动了腺毛，腺毛上的黏液就会黏住它。当昆虫试图挣扎活动时，叶子上所有的腺毛受到感应，一起向昆虫所在位置弯曲，将虫体紧紧包围在里面，昆虫就再也逃不掉了。圆叶茅膏菜分泌的黏液就是消化酶，是圆叶茅膏菜无形的"牙齿"和"胃液"，很快就会把捕捉的昆虫全部"吃掉"。昆虫被消化完毕后，圆叶茅膏菜的叶片重新打开，又变成一朵艳丽的"花朵"，静静等待下一个猎物……

你可以做个小实验，丢一点面包屑，也许能观察到圆叶茅膏菜捕食的画面。

● 圆叶茅膏菜（三）

到了大九湖,你可要睁大眼睛仔细观察,因为圆叶茅膏菜的个头实在是小,不过这并不会妨碍它在大九湖的众多植物中的独特性。这里和圆叶茅膏菜一样爱"吃肉"的植物,还有黄花狸藻,它的外表可是美丽动人喔!只要运气好,且足够认真,你也能在大九湖找到它。

● 圆叶茅膏菜(四)

● 黄花狸藻

(三)会"催眠"的植物——睡菜

睡菜可不是爱睡觉的植物。你看它多漂亮,五片白色花瓣点缀着粉紫的花蕊,但是如果不小心误食了它,你就会想睡觉。因此,睡菜被称作会"催眠"的植物。

● 睡菜(一)

● 睡菜(二)

一直以来，神农架这里的居民就口口相传，大九湖长有一种神奇的植物，取其根服用就会想睡觉，这种野草就是老百姓广为流传的睡菜，人们喜欢用它来泡茶喝。

要想在野外认出睡菜，它的叶片特征就是一个很好的识别标签。睡菜的叶是由三片无柄小叶组成的叶序，叫作三出复叶。单凭这一标签，你就能在广袤的沼泽地上找到它。食之则令人思睡的这种特性在植物界中是很少见的，也是睡菜最为独特之处。

（四）会拔节的植物——木贼

● 木贼

"呀！这里有好多韭菜。"许多初次到访大九湖的同学看到湖畔上郁郁葱葱的绿色草本植物，不免这样说道。其实你凑近闻一闻，或者仔细看一看，就不难发现它们并没有韭菜那股浓烈的味道，而且身上有一道道黑色圆环，像竹节似的，它们就是木贼。

它是湿地常客，是会拔节的植物——木贼。木贼高30—100厘米，是湿地比较有代表性的蕨类植物，其出现的年代早，比恐龙还要早1亿多年。木贼又称"节节草"，中空有节，表面粗糙，古代木匠常用木贼打磨木器。用木贼打磨完木器后，木器表面光净，仿佛木头被虫偷吃干净了一样，因此有了"木贼"的名字。木贼主产于中国东北、华北地区和长江流域各省。

"长相平平"的木贼具有一定的药用价值,在我国古代药用典籍中都有关于它的记载。如《嘉祐本草》中写道:味甘微苦,无毒。《本草正》上记载:味微苦微甘,入肺、肝、胆经等。现代中医学上对木贼的介绍是味甘、苦,性平。归肺、肝经,具有疏散风热、明目退翳、止血的功效。

● 干木贼

(五)"雅俗共赏"的植物——湖北海棠

在我们此次研学活动的最后一站落水洞附近,你可以看到树形优美的湖北海棠林。这种植物是中国古代皇家园林中的"宠儿",不但姿态优雅,而且盛开之时繁花似锦,常与玉兰、桂花、牡丹一起种植,取意"花开富贵,金玉满堂"。同时,海棠也有着极其顽强的生命力,耐寒、耐旱、耐涝、耐贫瘠,还是嫁接苹果树的上好砧木,果可入药,叶可制茶,在民间也极其受人喜爱。

● 落水洞旁的湖北海棠

● 沼泽地上的湖北海棠

● 开花时的湖北海棠

据统计，除上面5种有趣的大九湖湿地植物外，大九湖湖区及其周围山脉共分布有维管束植物148科572属1496种（含种下等级）。根据国家2021年发布的《国家重点保护野生植物名录》，大九湖国家湿地范围内有国家重点保护野生植物10种，如珙桐、红豆杉、崖白菜、水青树、连香树、台湾水青冈、黄连等。最新数据可查询中国珍稀濒危植物信息系统。

五、大九湖灵动的动物

你找到那些有趣的植物了吗？还是已经被"鹭翔碧水，鲤跃蓝天"中的鹭吸引住了呢？

　　大九湖独特的地理位置和大气环境孕育了丰富的动物资源。截至2018年，大九湖及其周边林地有脊椎动物26目78科232种，其中，鱼类12种，两栖类12种，爬行类14种，鸟类167种，兽类27种。

　　根据本地资源调查和历史记录，截至2018年，大九湖区域有国家Ⅰ级重点保护野生动物8种，即金雕、黑鹳、东方白鹳、白尾海雕、梅花鹿、林麝、云豹、金钱豹。国家二级重点保护野生动物31种，如勺鸡、红腹角雉、红腹锦鸡、松雀鹰、苍鹰等。大九湖还聚集了世界上许多古老珍稀的动物，如大鲵、巫山北鲵等。

以上这些珍稀动物，想亲眼看到可不容易，但我们可以通过扫描大九湖栈道两侧的二维码来认识它们。如果有幸看到，记得用相机或者手机捕捉它们灵动的身影吧！

● 黑鹳　　● 东方白鹳　　● 鸳鸯　　● 红腹锦鸡

● 欧亚野猪　　● 黄喉貂　　● 中华大蟾蜍　　● 草绿龙蜥

● 红腹角雉　　● 金雕　　● 梅花鹿　　● 亚洲黑熊

（一）捕鱼高手——鹗

● 鹗

鹗，读作è。拆文解字来看，左边的"咢"，意为"血盆大口""大嘴"，与右边的"鸟"字联合起来表示"大嘴鸟"，即大嘴吞食的鸟。

鹗常单独或成对活动，迁徙期间也常集成3—5只的小群，多在水面缓慢地低空飞行，有时也在高空翱翔和盘旋。一见水中有饵，就直下水面，用脚掠之而去。歇息时，鹗多停在水域岸边的枯树或电线杆上。它较为机警，叫声响亮。发现猎物时，则两翅折合，急速降到水面，伸出两只长脚将鱼抓起，一边溅起高高的水花，一边用双脚提着"战利品"腾空飞起，还在空中抖落着身上的水珠，如同一个精神抖擞的"渔夫"一般。有时鱼见天空中有黑影落下，本能地向深水中逃走，鹗就会立即潜入水中捕猎，直到1米以下，水面上常常只留下翼尖。

因此，人们赐予了它一个俗名——"鱼鹰"，它是大九湖享有"永久居住权"的常客（留鸟）。

（二）生死相依的伴侣——天鹅

大九湖二号湖旁边饲养着几种天鹅，有小天鹅、疣鼻天鹅和黑天鹅。天鹅在大九湖安家，说明湿地是天鹅生活的地方，保护湿地，就是保护天鹅和人类共同的家园。

● 天鹅

天鹅是一种极具灵性的鸟类。雌雄两只天鹅一旦结成配偶，便终生不变。它们不仅在繁殖期共同繁育后代，平时也是成双成对。如果一只死亡，另一只便为之"守节"。

（三）家鸭的祖先之——绿头鸭

· 绿头鸭

绿头鸭是中国饲养的家鸭的野型。早在战国时期，中国就开始饲养和驯化绿头鸭，经过演变，逐渐形成了现今大量饲养的家鸭品种。

来大九湖，我们最容易看到的就是绿头鸭了。虽然绿头鸭是冬候鸟，但也有一些绿头鸭已经在这里定居下来。大九湖良好的生态环境为它们提供了舒适的生活条件，它们便不想走了。

绿头鸭雌雄羽毛色彩相差较大。雄鸭羽毛颜色艳丽，而雌鸭羽毛颜色比较暗淡。这是因为雌鸭主要担负着孵蛋和哺育的任务。它身上的羽毛颜色与周围环境颜色融为一体，有利于躲避天敌的侵害。

（四）潜水高手——小䴙䴘

你能读出它的名字吗？小䴙䴘（pì tī），是大九湖享有"永久居住权"的常客（留鸟）。

● 小䴙䴘（一）

● 小䴙䴘（二）

先看看它们的长相，是不是鸭子、䴙䴘傻傻分不清。䴙䴘善游泳和潜水，在陆地上亦能行走，但行动迟缓而笨拙。飞行能力弱，需要在水面助跑一段距离才能飞起，飞行距离短且飞得不高。在陆地上则根本无法起飞。

䴙䴘在活动时，频频潜水取食；在休息时，经常一动也不动地飘浮于水面；在遇到危险时，则游入水草丛中或潜入水下隐藏，不时又在附近露出水面。有时它沉入水中，仅留嘴和眼在水面，其状似鳖。

（五）诗情画意——白鹭

● 白鹭

"两个黄鹂鸣翠柳，一行白鹭上青天。"同学们应该是通过杜甫的这首诗认识白鹭的吧！白色的鹭有很多种，如白鹭、中白鹭、大白鹭和牛背鹭。白鹭的特征是黑色的嘴，以及黄色或黄绿色的脚趾。每到繁殖季节，白鹭的颈部会生出许多白羽，最长的2枚为10多厘米，像一对细柔的辫子，迎风飘扬，美丽动人。背部、肩部和前颈的下部生有羽枝分散的蓑状长饰羽，被称为"蓑羽"，它也像新娘子披的婚纱，因此也被称为"婚羽"。

● 牛背鹭

左图是牛背鹭，它的嘴巴是黄色的，不要认错了哟！

（六）缩小版娃娃鱼——巫山北鲵

● 巫山北鲵

巫山北鲵形似缩小版的娃娃鱼，体表基本呈深褐色，具有明显的黄色大斑点。

鲵在水中时，会捕食水生昆虫，有时也会食用一些藻类。上岸活动时，被溪边茂密植被吸引来的小昆虫，便是它们的美食。巫山北鲵尤其偏爱金龟子。

巫山北鲵是小鲵科北鲵属有尾两栖动物。在喜马拉雅造山运动之前即生活在欧亚大陆的腹地，在研究动物分类、系统演化方面有着重要价值。

但无论是巫山北鲵还是它们的食物，对生活环境的要求都比较苛刻。当地水体被破坏后导致巫山北鲵的生存环境恶化和食物资源萎缩，于是它们的种群数量快速下降。因此，我们强烈地呼吁大家更多关注和保护它们，不要让神农架的靓丽风景里少了它们可爱、呆萌的身影。

六、大九湖独特的地理环境

你知道"沧海桑田"这个成语的由来吗？沧海桑田，简称沧桑，出自我国古书《神仙传》。传说古代有个叫麻姑的仙女，自称曾经三次看到东海变成桑田，后人以"沧海桑田"来比喻世事变化很大。其实它的原意就是指海陆变迁，可见海陆的变迁早在古代就已经被人们察觉和认识。那大九湖经历过哪些沧海桑田的变化呢？

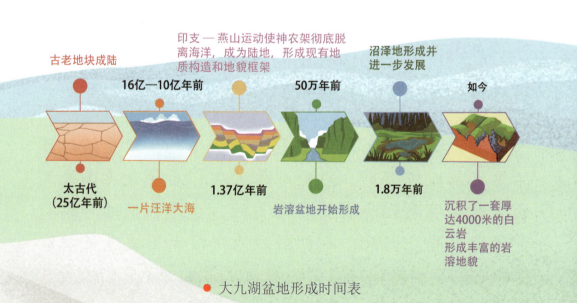

- 大九湖盆地形成时间表

（一）沧海桑田

大九湖的故事要从神农架的形成说起，神农架是一个古老的地块。自太古代（25亿年前）已有成陆的历史，后几经沧海桑田，形成今日之样。神农架在16亿—10亿年前曾是一片汪洋大海，在这漫长的岁月里沉积了一套厚达4000米的白云岩。随着地壳的抬升，神农架脱离海洋，成为陆地，白云岩容易受到流水的溶蚀，陆地上的流水不断溶蚀改变着这里的地貌。

距今1.37亿年的印支—燕山运动使神农架彻底脱离海洋，成为陆地，形成现有地质构造和地貌框架。新生代的喜马拉雅运动（距今0.4亿—0.2亿年）使这种框架进一步稳定，并使地壳进一步抬升。距今约260万年以来的第四纪新构造运动总体表现为间歇式抬升，直至今天。

（二）岩溶盆地

待地球内力作用变弱以后，外力作用成为大九湖乃至整个神农架的塑造者。

地壳持续抬升，高耸的地表加剧了岩石的风化剥蚀和流水的冲刷、溶蚀等外力作用，使神农架群古老地层暴露于地表。在不断风化、侵蚀的过程中，这里形成了落差较大的V形河谷，不同高程的水平溶洞、地下暗河、落水洞（孔）等一系列地质遗迹，大九湖岩溶盆地也就此形成，时间距离现在大约50万年，对应地质历史时期为更新世。

大九湖盆地是一个群山环抱封闭的岩溶盆地，其中地表岩溶地貌有石芽、孤峰、丘陵、溶沟、落水洞等；地下岩溶地貌有溶洞、地下暗河等。建议大家结合地质年代表了解大九湖的沧海桑田哦！

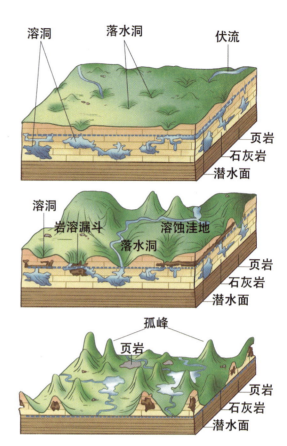

● 岩溶盆地的形成演变示意图

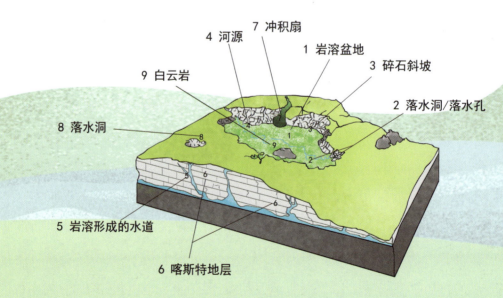

● 岩溶盆地模型图

地质年代表

宙	代	纪	世	距今大约年代（百万年）	主要生物演化
显生宙	新生代	第四纪	全新世	0.01	人类时代　现代植物
			更新世	2.4	
		第三纪	上新世	5.3	哺乳动物　被子植物
			中新世	23	
			渐新世	36.5	
			始新世	53	
			古新世	65	
	中生代	白垩纪	晚	135	爬行动物　裸子植物
			中	205	
			早	250	
		侏罗纪	晚	290	
			中	355	
			早	410	
		三叠纪	晚	435	
			中	510	
			早	570	
	古生代	二叠纪	晚	800	两栖动物　蕨类
			中	2500	
			早	4000	
		石炭纪	晚		
			中		
			早		
		泥盆纪	晚		
			中		鱼　裸蕨
			早		
		志留纪	晚		
			中		
			早		
		奥陶纪	晚		
			中		
			早		
		寒武纪	晚		无脊椎动物
			中		
			早		
	元古代	震旦纪			
					老的细菌类
太古宙	太古代				

（三）泥炭地

● 高达3米多的泥炭柱

神农架大九湖湿地在北半球中纬度地区享有盛名，被称为中国亚热带泥炭地的典型代表。在中更新世晚期，至少在20万年前，大九湖地区就开始发育湖相沉积，在气候偏暖的阶段，局部形成沼泽。

沼泽发育的鼎盛时期始于1.8万年前，一直持续到现在。大九湖湿地的独特性不仅在于面积大、沉积厚的泥炭地，还以存在大面积的泥炭藓而著称。泥炭藓是泥炭地的"灵魂"，它们改造了环境，形成了独特的酸性、缺氧的还原环境，也促进了泥炭的堆积。

泥炭地是大九湖湿地区别于其他湿地的核心资源，泥炭藓塑造的水淹、厌氧、酸性环境较好地保留了湿地植物的有机质，形成了如今的泥炭地。大九湖湿地记录了华中地区数万年来的气候变迁，是名副其实的"华中古气候演变的自然档案馆"。

　　前面介绍过的"喝水冠军"泥炭藓是积累泥炭的重要植物。泥炭藓形成的泥炭因其独特的结构而在现代农业、花卉园艺业以及废水处理等方面被广泛应用。此外，泥炭藓湿地具有调节气候、调控水流、供应水资源，以及提供生物栖息地的功能，同时也是研究古气候变迁的"样本"。近年来，随着生态旅游热的兴起，一些泥炭藓湿地成为重要的旅游热点地区，使泥炭藓湿地具有更加重要的生态、经济、社会等价值。

● 气候演变历史

● 古气候与古人类活动

● 湖沼相沉积

● 年代学研究

如果你想了解更多大九湖的过去，可以扫描二维码。

七、大九湖湿地的保护

● 冬季的大九湖

> 如此美丽又有内涵的大九湖湿地你舍得破坏吗？亲爱的探索家们，你们不仅不能破坏它，还要担起保护大九湖湿地的使命哦！

（一）曾遭破坏的大九湖湿地

　　大九湖湿地能保有现在的美，其实也经历了一个曲折的过程。中华人民共和国成立以来，大九湖湿地开发治理的指导思想为坚持排涝出渍。然而，以开垦农田、发展农业生产为目的的大肆开发，忽视了湿地生态环境的保护和湿地生态系统功能的维系，导致大九湖水面几乎消失殆尽，湿地面积减少一半，严重破坏了大九湖高山湿地的自然特色，产生了严重的后果。湿地生态系统服务功能日趋衰退，直接影响了社会经济的可持续发展。

（二）生态修复的大九湖湿地

2004年国务院办公厅下发了《国务院办公厅关于加强湿地保护管理的通知》（国办发〔2004〕50号），要求全国各地提高认识、采取多种形式，加快推进自然湿地的抢救性保护。

大九湖国家湿地公园管理局（现已划归神农架国家公园管理局）通过总体规划，实施了一系列湿地保护与恢复建设项目。减少了人为活动对湿地生态系统的破坏，基本遏制了大九湖湿地不断萎缩的状况，达到了预期的建设成果，大九湖湿地生态功能逐步恢复，当地农民保护湿地的意识也不断增强。通过基础设施建设和生态移民工程的实施，大九湖湿地周围部分居民已移民搬迁至统一安置点，部分耕地权属已收归为国家公园所有。

● 遭破坏的大九湖

　　2015年出台的《中共中央 国务院关于加快推进生态文明建设的意见》提出：牢固树立尊重自然、顺应自然、保护自然的理念。党的十九大报告指出要加快生态文明体制改革，建设美丽中国，强调要推进绿色发展，着力解决突出环境问题，加大生态系统保护力度，改革生态环境监管体制。这些都对于开展大九湖湿地保护与恢复工作具有重要指导意义。

（三）需要更多保护的大九湖湿地

● 科研人员实地调研大九湖湿地生态恢复情况

希望更多人加入保护大九湖湿地的队伍，为保护大九湖贡献自己的力量！

在国家公园体制试点改革中，大九湖湿地被列入神农架国家公园范围，其保护与恢复面临一些新矛盾、新问题，特别是如何保护大九湖湿地生态系统的完整性与原真性，恢复湿地生态系统的结构与功能，实现科学保护与合理利用的有机统一，这些都离不开科学的规划。因此，开展大九湖湿地保护与生态恢复专项规划具有重要意义。

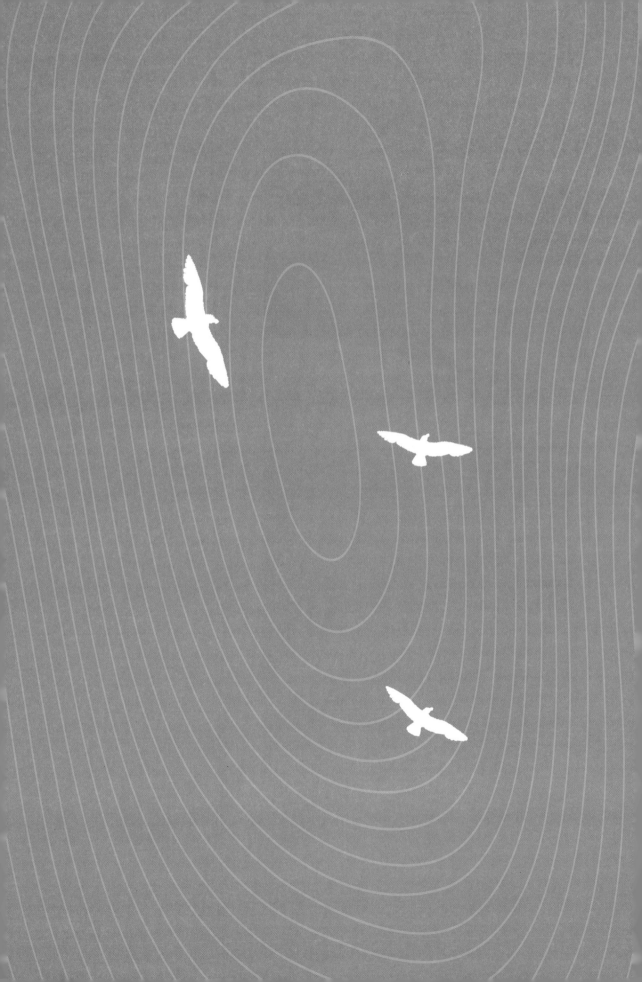

~ 研学篇 ~

一、研学流程与旅行路线

（一）研学流程

组建研学小组 → 确定研究主题、方法及成果呈现方式 → 学习相关研学规范 → 认识大九湖的动植物 → 参观大九湖湿地馆 → 观察并研究泥炭藓 → 探访落水洞 → 鹿苑集合，结束实地探索 → 整理资料、成果分享 → 总结与评价

（二）旅行路线

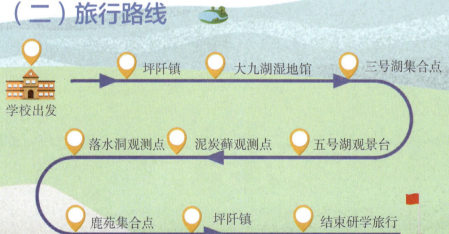

学校出发 → 坪阡镇 → 大九湖湿地馆 → 三号湖集合点 → 五号湖观景台 → 泥炭藓观测点 → 落水洞观测点 → 鹿苑集合点 → 坪阡镇 → 结束研学旅行

● 仙境大九湖

二、研学注意事项

（一）安全注意事项

（1）在整个研学过程中保护好自己，不做危害自己和他人生命安全的事情。如不随意离队，在栈道行走时不推搡，不下水，不伤害动植物。

（2）研学过程中不大声喧哗，养成良好的文明旅游素养。

（3）若出现掉队情况，要想办法与教师联系，或在原地等待。

（4）从集合入队开始，全程严格遵守研学团队纪律，服从研学导师及辅导员的管理。

（5）研学途中有任何身体不适，务必及时报告教师。

（二）生活注意事项

（1）要认真阅读本手册，了解研学基地，熟悉活动流程，做好行前准备。

（2）独立准备个人衣服装备、学习资料等，并科学分类装包。

（3）自己定时起床，在家长的帮助下到达指定集合地点。

（三）学习注意事项

（1）研学活动中，自主探究，善于合作分享，积极参与体验并做好活动记录。

（2）讲文明礼仪，按时作息，文明就餐，休息时保管好私人物品。

（3）积极参与研学导师设计的行中课程。

（4）研学过程中要善于观察、思考，留好过程性影像资料。

（5）研学结束后，按要求完成研学评价及研学总结。

三、研学准备

（一）研学准备活动

活动说明

在研学准备活动中，大家要明确研学行程，学习相关知识和规则，通过闯关拿到下一站的研学通行证。

然后组建研学小组，确定小组研学主题和成果的呈现方式，明确每个组员的任务。

> 活动地点

酒店会议室。

> 活动时长

3 小时 30 分钟。

研学活动准备事项

地点	时间	研学环节	研学目标	研学准备	研学过程	备注
酒店会议室	14:00—14:30，共30分钟	"破冰"游戏	师生之间逐渐熟悉、亲近，便于后续活动的有效开展	纸、笔等	见下面详细内容	闯关任务满分才发通行证
	14:30—15:00，共30分钟	知流程、晓安全	（1）明确研学流程和路线；（2）重点强调三大注意事项，尤其是安全知识			
	15:00—16:20，共80分钟	大九湖通行证闯关	（1）学习大九湖重点知识；（2）落实研学必备的相关知识，完成闯关	纸、笔等	如条件允许，观看相关视频，并进行重点知识学习，然后进行考核	
	16:20—16:50，共30分钟	熟知研学成果展示方式	（1）认识多种研学成果展示方式；（2）在此基础上按照特长和兴趣选择某一种展示方式	纸、笔等	见下面详细内容	
	16:50—17:10，共20分钟	组建研学小组	自行组建研学小组	纸、笔等		
	17:10—17:30，共20分钟	制订行动计划	制定出大九湖实践行动方案	纸、笔等		

活动 "破冰"游戏

活动内容

同学们进行简单的自我介绍或进行集体小游戏，如气球游戏（也可以开展 1 分钟跳绳挑战赛或分组开展拔河比赛，或自行选择和安排）。

游戏目的

让气球不落地，持续停留在空中，激发欢乐，舒缓压力。

时间

30 分钟。

材料

气球多个、打气筒。

游戏说明

教师说："如果心中有气，顶在胸口就会好辛苦，我们为别人赶走这气好吗？"

（1）每组拥有一个不同颜色的气球。

（2）抛高自己小组的气球，并尽力让气球停留在空中，同时尝试打下其他组的气球。

（3）气球掉在地上的人即被淘汰。

（4）气球保持在空中最久的小组便算赢。

（5）教师总结："好啦！大家都出气了！"

（二）安全引导

活动一 知流程、晓安全

活动说明

在安全引导环节中，我们通过大九湖旅游地图，认识大九湖的基本布局，熟悉探访路线，明确集合地点和各种公共设施。

活动地点

酒店会议室。

活动时长

30分钟。

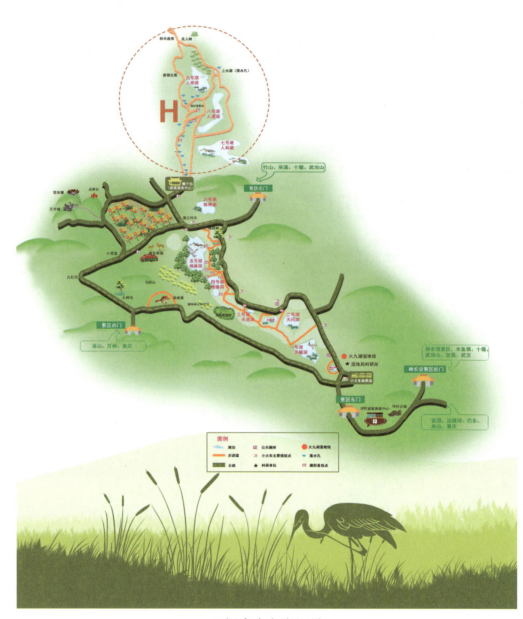

● 探索大九湖湿地

请根据教师的讲解，在大九湖地图上勾画出研学的路线，并把集合地点及研学区域的主要公共设施标注出来。

活动二 大九湖通行证闯关

"大九湖知多少"任务单

一、单项选择题（每题2分，共10分）

1. 大九湖海拔大约（ ）。
   A.1000米　　B.1500米　　C.1700米
2. 大九湖气候（ ）。
   A.多雨　B.炎热　C.干旱
3. 大九湖属于（ ）地貌。
   A.岩溶　B.火山　C.冰碛
4. 大九湖属于哪一种湿地？（ ）
   A.香蒲沼泽　B.泥炭藓沼泽　C.森林沼泽
5. 大九湖的水注入哪里？（ ）
   A.堵河　B.南河　C.香溪河

二、判断题（对的打"√"，错的打"×"，每题2分，共20分）

1. 实地观察大九湖特别兴奋，尖叫着跑向湖边观察。（ ）
2. 如果想扔垃圾，就扔到垃圾桶里去。（ ）
3. 每个人都用手抓一把泥炭藓，感受它的含水量。（ ）
4. 大九湖的花太美了，摘一把回去。（ ）
5. 看！大九湖的水多清澈，洗个脸吧！（ ）
6. 大九湖与我国南水北调工程无关。（ ）
7. 大九湖重点保护野生植物有珙桐、红豆杉、桂花树、黄杉、水青树。（ ）
8. 大九湖属于岩溶盆地。（ ）
9. 大九湖有大量的泥炭堆积。（ ）
10. 历史上大九湖的地质状况一直处于稳定状态。（ ）

备注：闯关不合格者继续做第二遍，直到合格为止！

我的大九湖湿地考察通行证：_____。

（三）成果呈现方式

本次研学旅行的成果将通过绘制环境地图的方式呈现出来。每一组选择好研究主题后，通过实地观察大九湖的环境，展开调查，进行记录，并将结果呈现在地图上。最后，每一组通过环境地图来展示自己的研学成果。

1. 地图

你见过地图吗？把观察到的自然现象与绘画结合起来，设计一张大九湖地图也是很有意义的活动。大家可以用电脑来绘制，如果没有电脑，小组合作手绘也是可行的方式。

绘制地图时，比例尺、方向、图例三要素是不可缺少的，它们是地图的"语言"。大家可以绘制平面地图，也可以绘制立体地图。

地图绘制方法与步骤如下。

1) 综合要素绘制法

首先绘制轮廓，其次用铅笔浅勾基本地形，接着画出各个地理要素，然后填色。最后标注地图的"语言"，即比例尺、方向和图例，如下页所示。

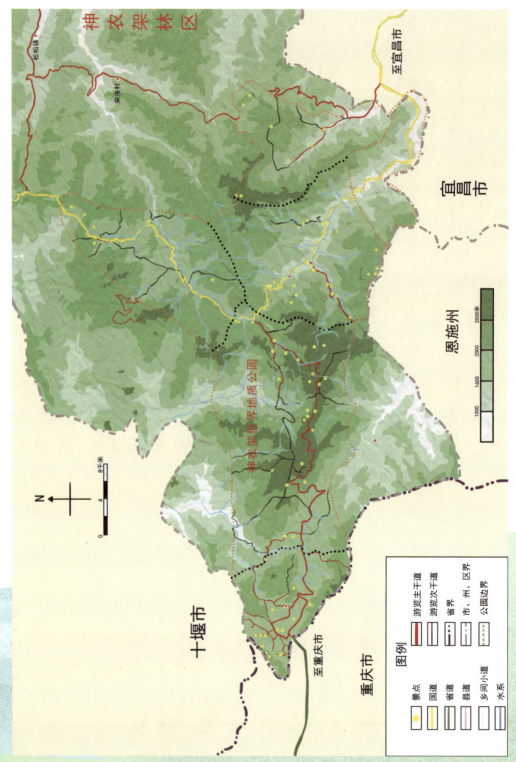

● 神农架地图

操作步骤

（1）工具准备：白纸、签字笔、彩笔、直尺等。

（2）前期培训：学会设计地图的"语言"，即比例尺、方向和图例。注意绘图的规范性。

（3）选题及调查准备：确定展示的地图主题及呈现的区域范围，采用一定的方法进行调查，思考整个制图过程。

（4）户外观察和资料收集。

（5）资料选取、整理和地图制作。

（6）添加说明及优化作品。

（7）教师点评。

2）单要素图层叠加法

首先绘制基本图，即轮廓地形等大比例尺度底图；其次按实际位置绘制所需的要素；最后进行多要素叠加，组合成整张地图，如下所示。

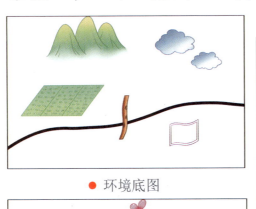

● 环境底图

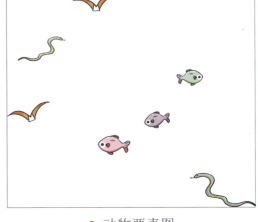

● 动物要素图

● 植物要素图

● 图层叠加后的综合图

操作步骤

第一步，材料准备。

白纸、签字笔、彩笔、直尺等。

第二步，绘制底图。

（1）确定作为环境背景的事物。

（2）底图一般选取体积较大的物体，因为其比例容易确定、所占面积较大。

第三步，绘制要素图。

（1）确定环境中存在的要素。需要绘制环境中的重要物体，并将物体进行分类。

（2）与底图比例保持一致，绘制各类要素，如河流、景点、草地等。

（3）将所有需要的要素进行不同的绘制。

（4）注意各要素的比例和正确位置。

（5）完成涂色。

（6）进行图层叠加。

（7）标注地图的"语言"。

强调

每一幅要素图与底图的比例尺要一致，避免组合而成的地图变形或失真。

2. 科学报告

科学报告是指通过观察、走访、查阅资料等方式对所调查的事物做出详细的分析，寻找事物规律或者探寻事物特点，以报告的形式展现调查结果。

大九湖特色植物调查报告

参与人员：

研究方法：

研究地点：

研究对象：

研究内容：

（照片）

小结：

注意事项

（1）实地考察中不做危害湿地动植物的事情。

（2）不要推搡挤闹，要保证人身安全，避免掉入湖中。

3. 拍摄照片或视频

你应该是"手机达人",会拍摄照片或视频吧!

将手机拍摄到的关于大九湖的照片、视频通过App配上自己想表达的文字或声音,制作成各种有创意的作品。

如何拍出高质量照片?

利用手机、照相机等工具拍摄照片,首先要确定摄影对象,然后用正确的姿势稳定拍摄工具,选好角度、背景、光线,进行构图。要想拍摄出一张成功的风景照,除了要构图合理、准确曝光,更需要懂得如何运用色彩,使画面具有视觉冲击力,通过色彩抒发情感,进而表达有深度的内涵。

如果你想拍出更多更好的照片,不妨多实践吧!

(四)制订行动计划

活动一 组建研学小组

每位学生提出一个自己最想研究的关于大九湖湿地的问题,问题要具体,不能太抽象。按提问的类别进行分组,每组4-6人。

活动二 填写行动计划表

大家已经对研究问题有了初步想法,接下来就要确定成员的任务及完成的时间,制订详细的行动计划。

任务说明

组长:负责统筹安排研究过程,协调组员的合作。

资料员:围绕某个具体研究的问题收集资料,并形成图文并茂的解答。

环境地图制作员:按照环境地图的制作要求,将本组的研究成果以环境地图的方式表现出来。

成果展示讲解员:负责向全班学生展示本组的研究成果。

行动计划表

研究主题	
研究方法	实地考察法
准备开展的活动	
研究成果呈现方式	环境地图

成员分工表

任务名称	姓名	具体任务	完成时间
组长			
资料员			
环境地图制作员			
成果展示讲解员			

四、基地实践

路线：大九湖湿地馆 三号湖集合点 五号湖观景台 泥炭藓观测点 落水洞观测点 ➡ 鹿苑集合点

基地实践行程表（一）

地点	时间	研学环节	研学内容	安全提示
大九湖湿地馆	8：30—9：10，共40分钟	参观大九湖湿地馆	了解与小组研究主题相关的知识	（1）分批进入； （2）保持安静
三、四、五号湖	9：10—10：25，共75分钟	落实小组任务	（1）了解大九湖分布及环境； （2）探索三、四、五号湖，从动物、植物、水质、地貌等不同方向对大九湖进行详细观察； （3）选择合适对象进行拍摄； （4）绘制环境地图	（1）不触碰湖水； （2）不破坏植物； （3）不乱扔垃圾； （4）不大声喧哗； （5）不随意离队
泥炭藓观测点	10:25—11:05，共40分钟	观察泥炭藓	（1）观察泥炭藓，使用工（如计量秤）测量泥炭藓的储水能力； （2）记录观察内容，完成任务单	同上
落水洞观测点	11:05—11:40，共35分钟	认识落水洞等特殊地形	（1）观察大九湖岩溶地貌； （2）查看流水状态； （3）观察湖北海棠林	（1）注意安全，不可太靠近落水洞； （2）将观察到的现象填至任务单
鹿苑集合点	11:40—12:10，共30分钟	准备返回	整理研学路线，初步完成研学成果	（1）不遗忘个人物品； （2）不离队； （3）准时上车

活动一 探秘大九湖

1. 大九湖湿地馆

注意事项

（1）认真听工作人员和指导教师讲解。

（2）将学到的知识填入任务单。

● 大九湖湿地馆

2. 三号湖集合点

注意事项

（1）坐小火车从大九湖湿地馆到三号湖集合点下车。

（2）各小组走访三、四、五号湖，行进过程中按行动计划落实小组任务。

（3）观察圆叶茅膏菜时，可通过人工喂食实验，查看它的捕食过程。

（4）可边观察边记录边拍摄，路途中注意安全。

3. 五号湖观景台

注意事项

（1）按规定时间从三、四、五号湖沿途进行观察。

（2）可从五号湖观景台，观察大九湖的地形地貌。

（3）观察大九湖植物及动物并拍摄记录。

4. 泥炭藓观测点

● 研学活动照片

注意事项

（1）可近距离观察泥炭藓，但不要破坏泥炭藓。

（2）可使用计量秤测量泥炭藓的储水能力，也可使用其他科学调查方法。

5. 落水洞观测点

注意事项

在落水洞观察大九湖岩溶地貌，查看流水状态，观察湖北海棠林。因地形特殊，切记注意安全，不可太靠近落水洞。将观察到的现象填写至任务单。

6. 鹿苑集合点

注意事项

各小组集合，利用最后的时间落实未完成的任务，并按规定时间上车离开大九湖。

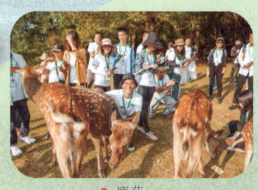

● 鹿苑

活动二 填写任务单

"大九湖湿地探索家"任务单

地点	获取的知识
大九湖湿地馆	（1）
	（2）
	（3）
三、四、五号湖	（1）地形、地貌
	（2）植物
	（3）气候
	（4）水源
	（5）动物
	（6）
	（7）
泥炭藓观测点	（1）外形特点
	（2）测量其储水能力
	（3）思考题：能否将泥炭藓移植到大城市，打造海绵城市？
落水洞观测点	（1）观察大九湖岩溶地貌
	（2）查看流水状态
	（3）

续表

地点	获取的知识
鹿苑集合点	（1）梅花鹿
	（2）
	（3）

备注：组长需提醒组员，在每一个观测点停留，并按要求进行填写。

五、成果分享与评价

成果分享

大九湖湿地探索成果展示会。

活动说明

基地实践活动结束后，第二天下午进行研学成果展示活动。活动包括准备、展示和评价三个部分，总时长3小时30分钟，最后将展示作品和评价表装入学生档案袋。

活动一 展示活动准备及成果展示会

各小组绘制环境地图及完成其他成果，并将小组的研学成果展现出来。

基地实践行程表（二）

地点	时间	研学环节	研学内容	备注
教室或酒店	14:00—15:30，共 90 分钟	研学成果准备	绘制环境地图，及完成其他成果	遇到问题可随时求助教师
	15:30—17:00，共 90 分钟	研学成果展示活动	将大九湖探索成果进行展示，其他同学共同借鉴学习	
	17:00—17:30，共 30 分钟	研学评价活动	进行自我评价、同伴互评，明确自己的收获	

备注：各小组以环境地图为主要展示方式，还可利用其他方式进行补充说明。

活动二 研学评价活动

开展研学评价活动，完成小组评分表、学生自评表及保护湿地计划书。最后将评价表、保护湿地计划、成果展示作品等装入学生档案袋。

小组评分表

小组	研究主题	展示方式	展示过程	综合等级

> 填表要求

1. 展示过程评分标准

展示过程流畅，体现分工协作，评为A；展示过程较流畅，基本有分工，评为B；展示过程不顺畅，未体现分工协作，评为C。

2. 综合等级评分标准

参照教师给出的指标和方法评定，A表示优秀，B表示良好，C表示合格。

学生自评表

一级指标	二级指标	评价内容	等级
自我管理	文明素养	（1）爱护花草树木，不乱采乱摘	
		（2）使用文明用语，不大声喧哗	
		（3）仔细观察，不玩水，不嬉戏	
		（4）边走边学，不推不挤，不妨碍他人	
	遵规守序	（5）遵纪守法，安全意识强	
		（6）不随意离队，服从带队管理	
		（7）遵守时间节点，不影响活动流程	
	生活能力	（8）注意饮食健康，不乱吃零食	
		（9）生活有序，不丢三落四	

续表

一级指标	二级指标	评价内容	等级
知识素养	基础知识	（10）能够说出大九湖气候、水源、地形、地质、动植物等基本特征	
	能力提升	（11）能够辨认出两三种大九湖特殊动植物	
情感素养	思想意识	（12）认识到大九湖湿地的重要性，形成爱护大九湖的观念和态度	
	行为实践	（13）愿意为保护湿地而行动	
实践活动	实践能力	（14）能够依据活动主题，自主选择恰当的活动方式展开活动	
		（15）能够在自主探究的学习中，运用所学知识解决实际问题	
		（16）能够踊跃参与活动，敢于尝试，乐于发表自己的见解	
	参与意识	（17）不怕困难、思维灵活，恰当选择解决问题的方法	
		（18）及时完成任务，积极参与交流分享	
协作精神	合作精神	（19）小组成员团结协作，合理分工	
		（20）认真倾听其他伙伴的观点和意见	
	合作态度	（21）关心同学，相互尊重，发挥优势，取长补短	
		（22）主动承担组内工作，不推诿，有责任意识	

评分标准：A表示优秀，B表示良好，C表示合格。

活动三 我的湿地保护计划书

我的名字：_____

我的周计划

◎ 上网了解大九湖保护现状。

◎ _____

◎ _____

◎ _____

◎ _____

◎ _____

◎ _____

我的月计划

◎ 参与一次社区组织的环保活动。

◎ _____

◎ _____

◎ _____

◎ _____

◎ _____

◎ _____

注：未来完成后，请在圆圈中打"√"。

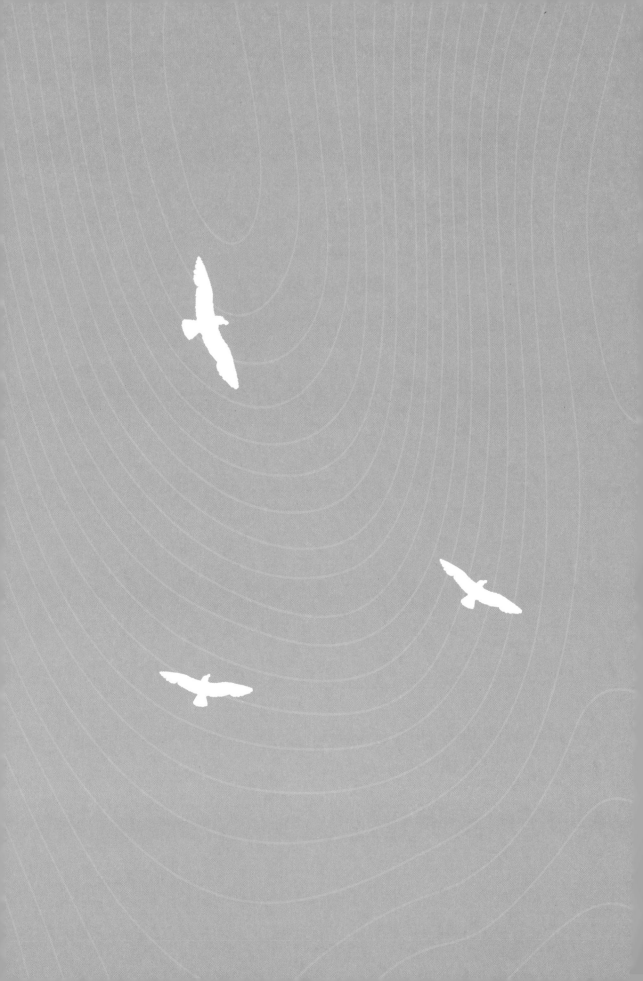

~ 延伸读物 ~

[1] 黄安平, 魏美才, 罗庆怀. 湿地昆虫 [M]. 北京：中国农业科学技术出版社, 2018.

[2] 宋晓杰, 谷洪旺. 我的湿地鸟类朋友 [M]. 广州：新世纪出版社, 2018.

[3] 幸福猫儿童文学工作室. 趣味动物大侦探 湿地冒险家 [M]. 济南：山东美术出版社, 2011.

[4] 陈建伟. 多样性的中国湿地 [M]. 北京：中国林业出版社, 2014.

[5] 王晓龙, 徐金英. 鄱阳湖湿地植物图谱 [M]. 北京：科学出版社, 2016.

[6] 基姆·库尔基. 神奇的鸟类世界：湿地水域卷 [M]. 石家庄：河北少年儿童出版社, 2016.

[7] 欧剑峰. 湿地公园昆虫观赏手册 [M]. 广州：广东科技出版社, 2016.

[8] 宋晓杰. 乘着风的翅膀——"湿地精灵" 黑嘴鸥的世界 [M]. 北京：中国环境科学出版社, 2010.

[9] 董元火, 胡文中, 廖廓. 赤龙湖国家湿地公园植物彩色图谱 [M]. 武汉：华中科技大学出版社, 2015.

[10] 崔丽娟. 认识湿地 [M]. 北京：高等教育出版社, 2012.

[11] 伊丽莎白·劳拉. 水和湿地的秘密 [M]. 北京：中国青年出版社, 2015.

[12] 马德琳·邓菲.这里是湿地[M].上海:少年儿童出版社,2016.

[13] 华春.青少年应该知道的湿地[M].北京:团结出版社,2009.

[14] 卢耀如.中国喀斯特——奇峰异洞的世界[M].北京:高等教育出版社,2010.

[15] 曾平.喀斯特的呼唤[M].北京:中国工人出版社,1992.

[16] 朱千华.南方秘境——中国喀斯特地理全书[M].北京:中国林业出版社,2014.

[17] 韩学龙.天坑[M].北京:清华大学出版社,2013.

[18] 李晋,常弼宇.世界天坑之都[M].南宁:广西民族出版社,2020.

[19] 张宪春,陈莹婷,杨志荣.台纸上的植物世界[M].北京:科学普及出版社,2018.

[20] 高谦.中国苔藓志 第一卷[M].北京:科学出版社,1994.

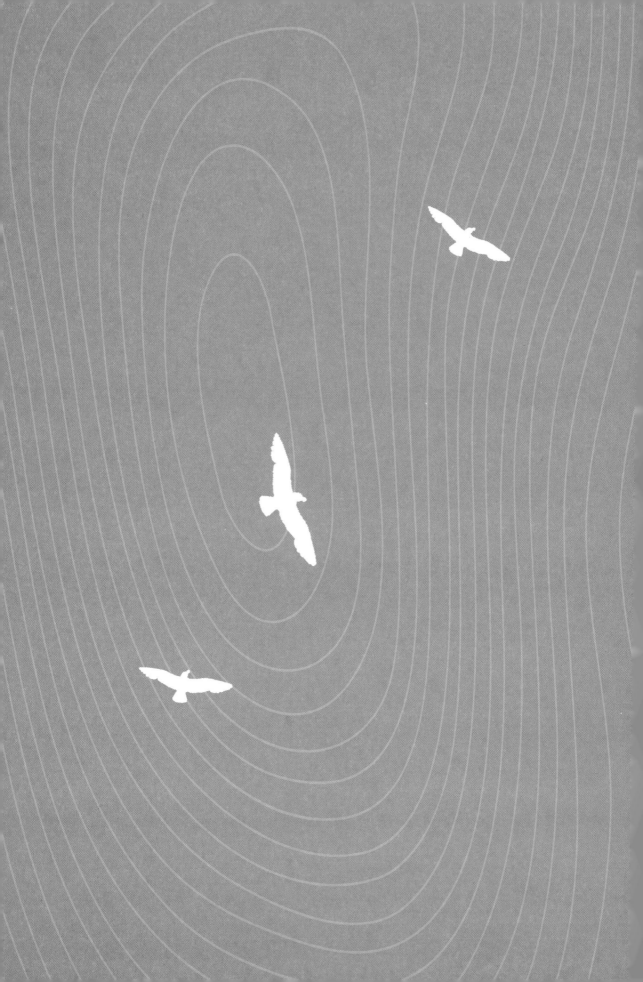

~ 参考资料 ~

（1）陈建伟《多样性的中国湿地》，中国林业出版社，2014年版。

（2）神农架国家公园管理局《奇观喀斯特 壮丽神农架》，中国神农架世界地质公园。

（3）神农架国家公园管理局《世界这么大 玩转神农架》，中国神农架世界地质公园。

（4）神农架国家公园管理局《认知大自然 走进神农架》，中国神农架世界地质公园。

（5）神农架国家公园管理局《穿越亿万年 探索神农架》，中国神农架世界地质公园。

（6）王莹莹《绿色总动员：湿地环境教育读本》，浙江工商大学出版社，2019年版。

（7）神农架国家公园管理局《关于大九湖湿地保护修复情况的汇报》，2018年8月6日。

（8）《国家重点保护野生植物（新版）》，http://www.iplant.cn/rep/protlist。

（9）刘子刚、马学慧《中国湿地概览》，中国林业出版社，2008年版。

（10）鹿蒚工社《物种100·生态智慧 神农架国家公园卷》，世界知识出版社，2019年版。

（11）湖北省湖泊志编纂委员会《湖北省湖泊志》，湖北科学技术出版社，2014年版。

大九湖湿地探索家研学作品展示区

大九湖湿地探索家集体照

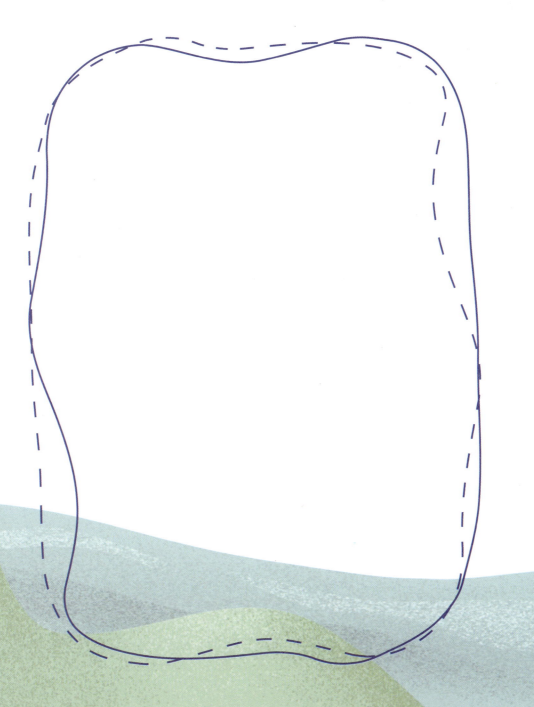

大九湖湿地探索家探究之旅

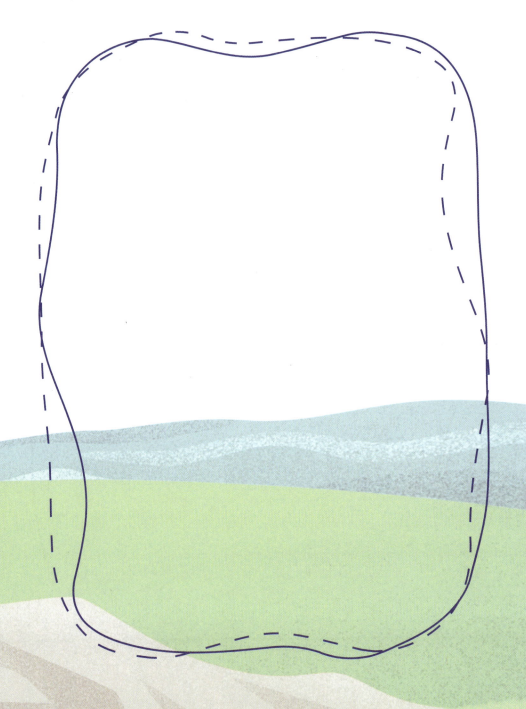

研学旅行综合评估星章

_____同学：

你在本次研学旅行中的综合评定为 _____。

研学导师签章：

年　月　日

《大九湖湿地探索家》研学手册

学生姓名：_____

年级班级：_____

所在学校：_____

研学时间：_____

研学地点：_____

● 大九湖湿地保护宣传片

● 云间湿地天上九湖